奈良 花の名所12カ月

中島史子 編
藤井金治 写真

山と溪谷社

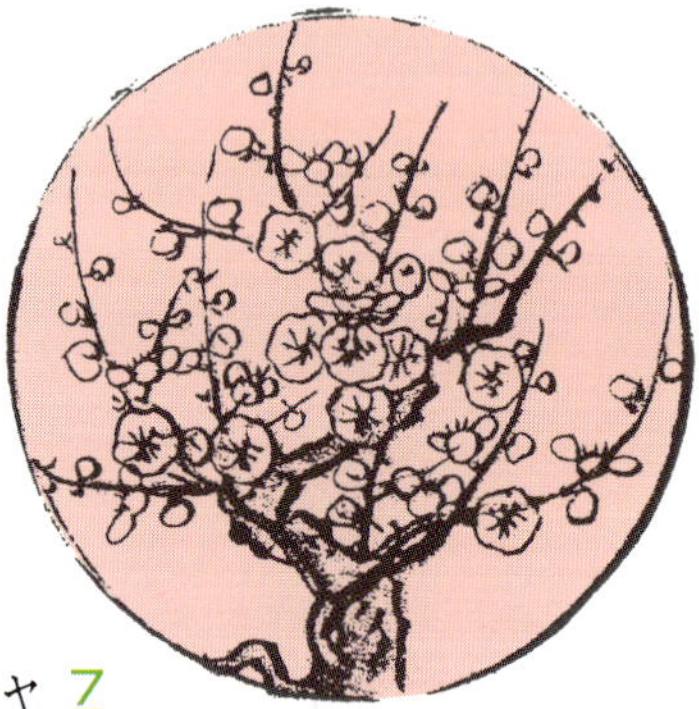

本文イラストレーション＝水上玲

表紙・扉・目次図版＝尾形光琳画稿より

本書をお読みになる前に

●本書は花の見頃の時期を12カ月に分けて収録した。ただし、あくまで平均的なもので、年によって大きく変動するので、必ず事前に確認していただきたい。

●交通については、電車・バスを中心に掲載したが、中には一日1～2本の便数という所もある。あくまで目安と考え、事前に確認していただきたい。

●本書に掲載したデータは、全て2000年12月現在のものである。

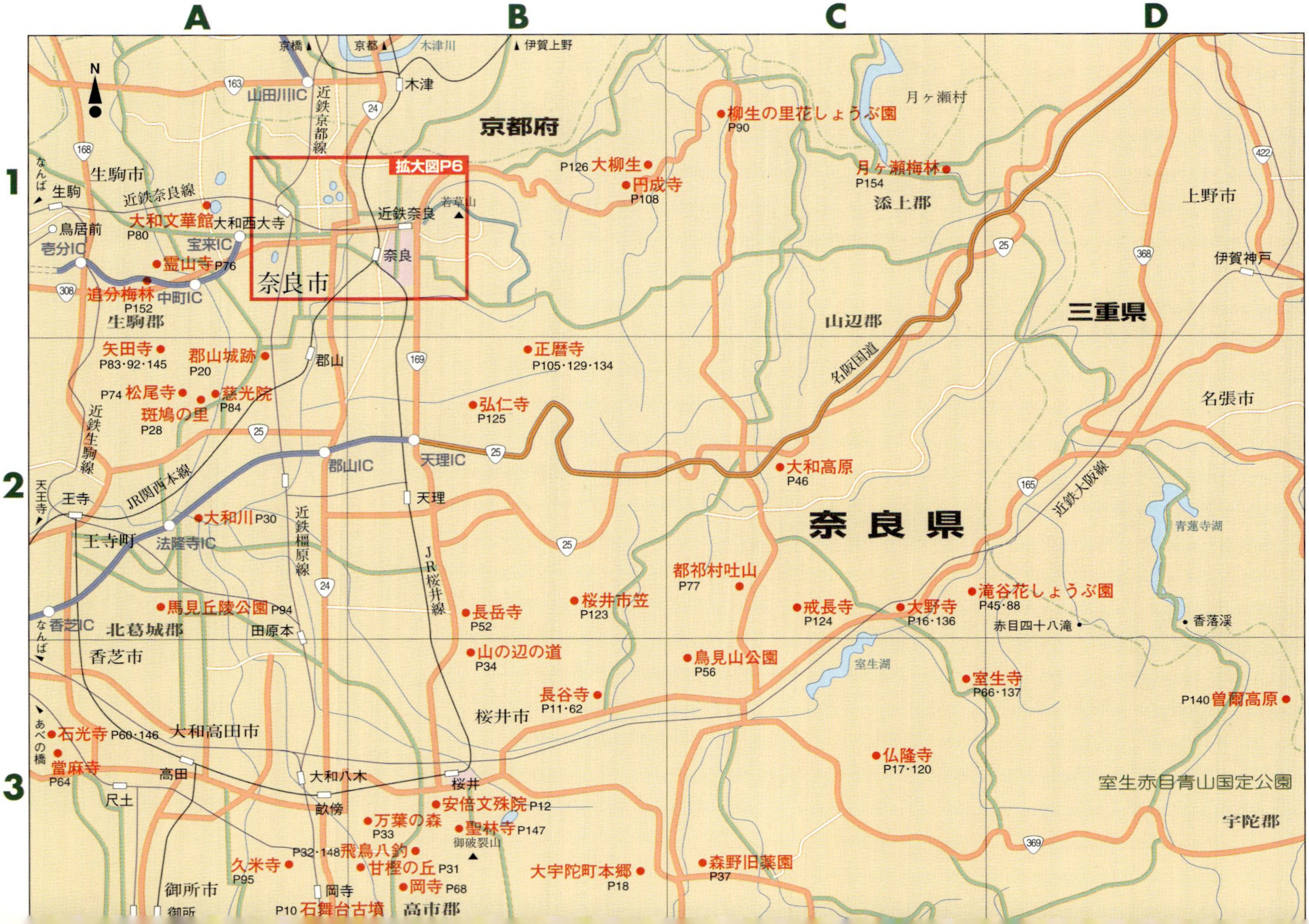

A
B
C
D
1
2
3
N
京都府
奈良県
三重県
拡大図P6
奈良市
生駒市
生駒郡
添上郡
山辺郡
北葛城郡
香芝市
大和高田市
桜井市
高市郡
御所市
宇陀郡
上野市
名張市
月ヶ瀬村
室生赤目青山国定公園
大和文華館
P80
霊山寺 P76
追分梅林
P152
矢田寺
P83・92・145
郡山城跡
P20
P74 松尾寺
慈光院
斑鳩の里
P28
P84
大和川 P30
馬見丘陵公園 P94
正暦寺
P105・129・134
弘仁寺
P125
長岳寺
P52
山の辺の道
P34
長谷寺
P11・62
桜井市笠
P123
都祁村吐山
P77
鳥見山公園
P56
大和高原
P46
戒長寺
P124
大野寺
P16・136
滝谷花しょうぶ園
P45・88
室生寺
P66・137
仏隆寺
P17・120
P140 曽爾高原
森野旧薬園
P37
大宇陀町本郷
P18
P126 大柳生
円成寺
P108
柳生の里花しょうぶ園
P90
月ヶ瀬梅林
P154
石光寺 P60・146
當麻寺
P64
安倍文殊院 P12
万葉の森
P33
聖林寺 P147
P32・148 飛鳥八釣
甘樫の丘 P31
久米寺
P95
岡寺 P68
P10 石舞台古墳
山田川IC
壱分IC
宝来IC
中町IC
郡山IC
天理IC
法隆寺IC
香芝IC
京橋
京都
木津川
伊賀上野
木津
近鉄京都線
近鉄奈良線
近鉄奈良
若草山
奈良
生駒
鳥居前
大和西大寺
なんば
郡山
近鉄生駒線
天王寺
王寺
王寺町
JR関西本線
天理
近鉄橿原線
JR桜井線
名阪国道
近鉄大阪線
田原本
大和八木
桜井
高田
畝傍
尺土
岡寺
御所
御破裂山
あべの橋
青蓮寺湖
室生湖
赤目四十八滝
香落渓
伊賀神戸
163
168
308
24
169
25
165
368
369
422

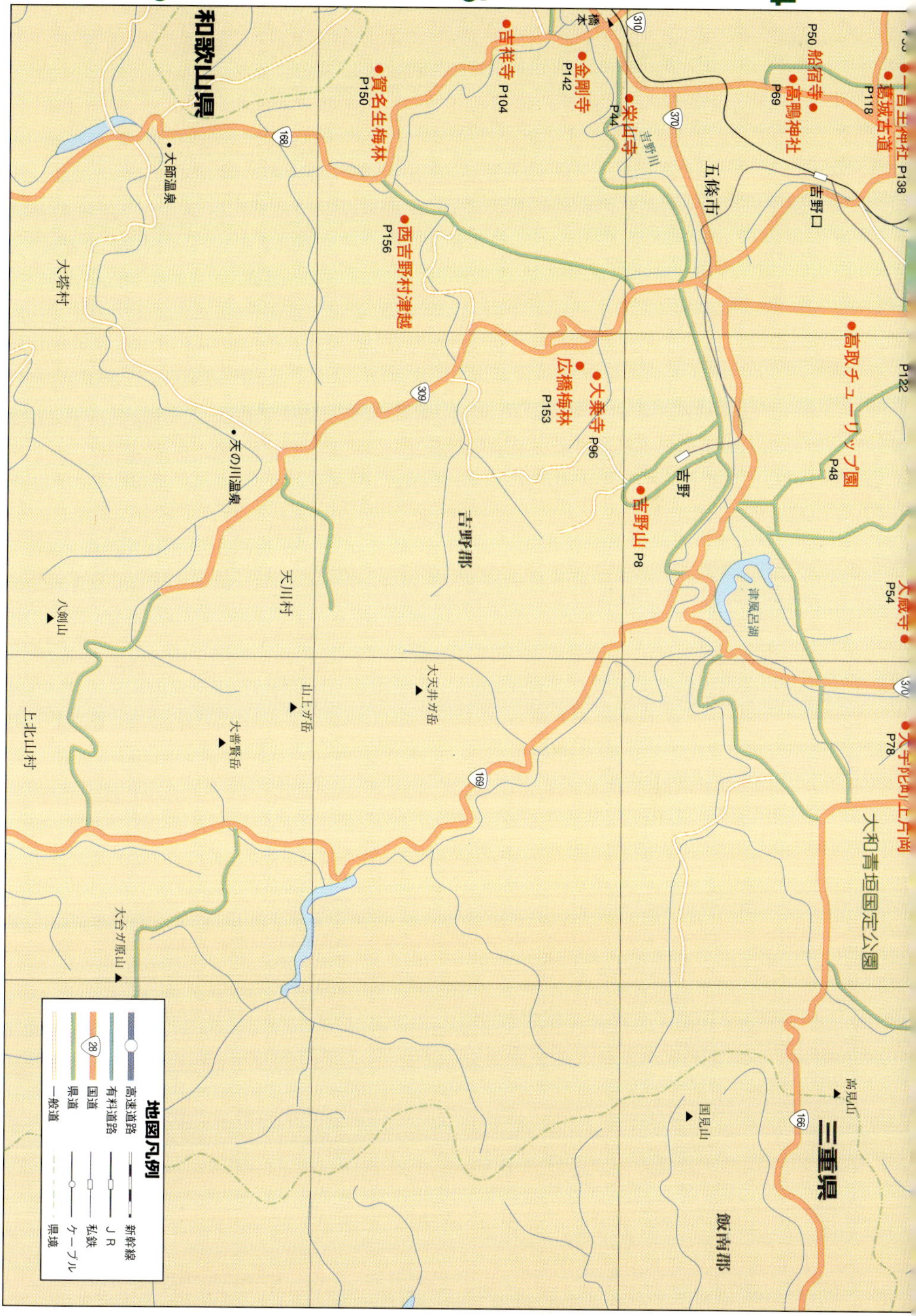

6
5
4
和歌山県
大師温泉
大塔村
天の川温泉
八剣山
上北山村
大台ヶ原山
天川村
山上ヶ岳
大普賢岳
大天井ヶ岳
吉野郡
賀名生梅林 P150
西吉野村津越 P156
吉祥寺 P104
金剛寺 P142
橋本
栄山寺 P44
吉野川
五條市
船宿寺 P50
高鴨神社 P69
葛城古道 P118
一言主神社 P138
吉野口
高取チューリップ園 P48
P122
大乗寺 P96
広橋梅林 P153
吉野
吉野山 P8
津風呂湖
大蔵寺 P54
大宇陀町上片岡 P78
大和青垣国定公園
高見山
国見山
三重県
飯南郡
168
309
169
310
370
166
地図凡例
高速道路
有料道路
国道
県道
一般道
新幹線
ＪＲ
私鉄
ケーブル
県境

A
B
C
1
2
3
4
奈良県
奈良市
柳生
若草山
342
春日山
297
白毫寺町
春日奥山
P132
春日野町
白毫寺
P40・112
奈良公園
P22・130・159
春日大社
P58
雑司町
奈良奥山ドライブウェイ
P24
東大寺二月堂
P85
志賀直哉旧居
新薬師寺
P115
万葉植物園
P91
高畑町
護国神社
369
川上町
新池
南大門
東大寺大仏殿
正倉院
P102
氷室神社
P23
紀寺町
戒壇院
P25
依水園
P72
荒池
福智院
般若寺
P42・128
県庁
十輪院
P99
169
奈良豆比古神社
猿沢池
元興寺
P98・106・116
JR桜井線
元明天皇陵
鴻池運動公園
聖武天皇陵
奈良オリエント館
肘塚町
京終
天理
鴻池
近鉄奈良
奈良町
南京終町
元正天皇陵
率川神社
伝香寺
P158
開化天皇陵
奈良ドリームランド
興福院
P103
西方寺
奈良阪町
三条町
奈良
東九条池
法蓮町
芝辻町
大宮町
大森町
大安寺
三条大宮町
東九条町
P38・86
不退寺
大安寺
木津
JR関西本線
369
宇和奈辺陵墓参考地
清水池
24
恋の窪
海龍王寺
P36
法華寺町
大池
小奈辺陵墓参考地
八条
法華寺
P73
磐之媛命陵
P70
三条大路
水上池
24
近鉄奈良線
王寺
北池
平城天皇陵
四条大路
柏木町
柏木運動公園
二条大路南
P110・144
平城宮跡
御前池
京都
五条町
六条町
西ノ京町
山陵町
佐紀神社
308
平城宮跡資料館
日葉酢媛命陵
成務天皇陵
神功皇后陵
秋篠川
唐招提寺
P101・117
郡山
八幡神社
平城
薬師寺
西大寺本町
大和西大寺
尼ヶ辻
近鉄橿原線
西ノ京
西の京
大池畔
P21
西大寺南町
菅原町
垂仁天皇陵
近鉄京都線
秋篠町
五条
六条
大池
七条
西大寺
いぬい池
喜光寺
野々宮天神社
三松禅寺
秋篠寺
P160
新池
今池
生駒
0
200
400m

春

Spring

4 *April*　5 *May*

興福寺薪能

吉野山《よしのやま》の桜

吉野町

花期…4月上旬〜5月上旬
問い合わせ先…☎07463·2·3081 吉野町経済観光課

金峯神社も花の中

大峰山系の北端が吉野川南岸に延びるあたり、約八キロに亘る尾根が吉野山。桜と吉野とのかかわりは、天武天皇の時代（661〜671）に役行者《えんのぎょうじゃ》が大峰山で修行の際に感得した金剛蔵王権現を桜の木に刻んで本尊にしたことから始まると伝えられている。桜は信仰と結び付き、神木として保護され、寄進や献木が行われるようになった。平安中期頃から人々に愛され、多くの歌に詠まれてきた。

桜は吉野駅あたり一帯の下千本、如意輪寺付近の中千本、水分神社近くの上千本から西行庵を囲む奥千本まで約ひと月をかけて咲き上る。ほとんどがシロヤマザクラなので花の頃に若葉が萌え、清楚な花に陰影を添えて味わい深い。眼下に下千本、中千本を見る展望台の花矢倉では風の吹き方によって花びらが谷から舞い上がってくる。

見渡すかぎりの桜は霞か雲か、夢のように美しい。

近鉄吉野駅から徒歩2分、吉野千本口駅からロープウェイ3分、吉野山駅（下千本）下車

所在地
吉野郡吉野町吉野山
ロープウェイは7時40分〜18時55分、20分間隔で。往復500円。

全山、桜で埋まる花の吉野山

地図P5B-4

4月

サクラ

桜に囲まれる巨大な石舞台古墳

石《いし》舞《ぶ》台《たい》古《こ》墳《ふん》の桜

明日香村

花期…4月上旬〜中旬
問い合わせ先…☎0744・54・4577　明日香村観光開発公社

石舞台は蘇我馬子の墓とも伝えられている飛鳥のシンボル的存在。全長一九・一㍍、高さ七・七㍍、重さは七五㌧を超えると推定される巨石をどんな方法で集め、組み立てたのか、古代人の計り知れない力と知恵には驚いてしまう。亀石、酒船石など、不思議な石の遺跡が残る飛鳥の中でも迫力は一番。月夜に狐が美女に化けて、この上で舞ったという伝説から石舞台の名前が付けられたとか。固く冷たい石に伝わる妖艶な話。

春になると石舞台を縁どるように桜が咲き誇る。春風に誘われて萌える緑、遙かな時間を超えて変わることのない無彩色の石、その風景の中につかの間、薄紅色の桜が色を添える。飛鳥ののびやかな自然は、散っていく桜も花びらを惜しまない。

近鉄橿原神宮前駅東口から石舞台行きバス27分、終点下車、徒歩5分

住所　高市郡明日香村島ノ庄
入場　8時30分〜17時
料金　200円

地図P4B-3

長谷寺の大小の堂宇を700本もの桜が飾る

長谷寺《はせでら》の桜

桜井市

花期…4月上旬〜中旬

問い合わせ先…☎0744・47・7001 長谷寺

『源氏物語』の登場人物、玉鬘《たまかずら》は薄幸の美しい女性、夕顔の忘れ形見。その玉鬘と源氏が出会うきっかけとなったのが長谷寺だった。「隠《こもり》国《く》」という枕詞が冠せられる初《はつ》瀬《せ》はその時代、どんなにか深い山の中だったことだろう。この初瀬にある長谷寺は〝初瀬詣で〟の言葉があるほど平安貴族、特に女性の信仰を集めていたらしい。『源氏物語』のほか『枕草子』の清少納言、『蜻蛉日記』の藤原孝標《たかすえ》の娘も参籠しているようだ。

長谷寺といえば、ゆるい坂を本堂まで結ぶ長い登廊《とろう》。登りつめると京都の清水寺を思わせる広い外舞台が崖の上に張出した大建築の本堂にでる。ここに立つと深い緑の木立の中、絢爛《けんらん》と咲き誇る桜がさながら絵巻物となって眼下に広がる。

近鉄長谷寺駅から徒歩20分

住所 桜井市初瀬731-1
拝観 8時30分〜17時（10〜3月は9〜16時30分）
料金 400円

地図P4B-3

安《あ》倍《べ》文《もん》殊《じゅ》院《いん》の桜

桜井市

金閣浮御堂と桜の取り合わせは華やかな春の情景

花期…4月上旬〜中旬
問い合わせ先…☎0744・43・0002 安倍文殊院

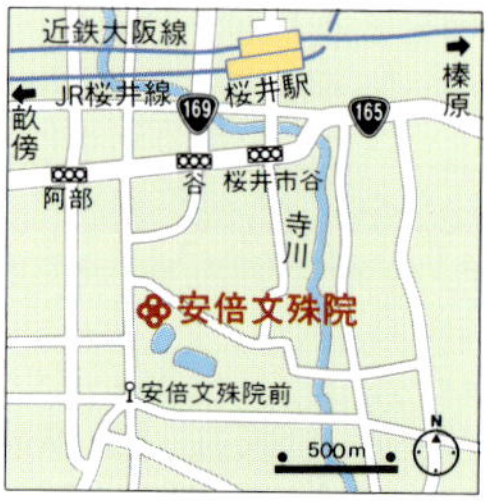

JR・近鉄桜井駅から岡寺行きバス7分、安倍文殊院前下車、徒歩5分

京都（宮津市）・智恩寺の「切戸の文殊」、山形・亀岡文殊と共に日本三大文殊の一つで〝安倍の文殊〟〝知恵の文殊〟と呼び親しまれている。大化元年（645）、安倍倉梯麻呂《あべのくらはしまろ》が創建、鎌倉時代に現在地に移された。ここから徒歩三分の所に創建の地がある。今は基壇が復元されて史跡公園として整備されているものの、大寺院だったという面影は想像の中にだけ。

本尊は木造騎獅文殊菩薩像で右手に剣、左手に蓮華を持ち、獅子に乗る高さ二《メートル》にも及ぶ大きさで快慶の作。軽やかな足さ

池をめぐる春の花と桜並木

ばきと振り返った顔のあどけなさが印象的な脇侍の善財童子も同じく快慶の手になる。

本堂前の文殊池の北側には金閣浮御堂が建つ。水がぬるみ、風がやさしく吹き過ぎる頃、池を囲んで桜が咲く。金閣のあでやかさが一層ひき立てられる。

住所 桜井市阿部645
拝観 9時～17時
料金 本堂拝観700円（抹茶付）

地図P4B-3

青い空に映える桜の淡い紅色

談《たん》山《ざん》神《じん》社《じゃ》の桜

桜井市

花期…4月中旬～下旬
問い合わせ先…☎0744·49·0001 談山神社

大化元年(645)夏、飛鳥は激しい雨にみまわれていた。蘇我入鹿《そがのいるか》の首が飛び、鮮血をその雨が流した。古代のクーデター・大化改新の幕開けの時。権勢を誇った蘇我氏本宗家は滅び、豪族連合から中央集権国家への歩みが始まった。

「籐花の下に撥乱反正《はつらんはんせい》(乱世を治め、正常に戻す)の謀を談ず」と多武峰《とうのみね》縁起にあるように、中《なかの》大兄皇子《おおえのおうじ》と藤原鎌足《かまたり》がクーデター計画を談じたのがここ、多武峰山中だったと伝えられている。以後、談峯《だんぼう》、談山《かたらい》、談所《だんじょ》が森などと呼ばれ、談山神社の名の由来となった。

常緑の木立に淡い紅色の桜が匂い立つ中を歩いて西門跡に立つと、「たたなづく青垣」に包まれた花霞の飛鳥は目の下。はるかな歴史を畳み込んで、桜の花景色はどこまでものどかに続いている。

〃関西の日光〃と呼ばれる華麗な社殿、鎌足の墓塔といわれ木造としては世界唯一という十三重塔も花の中。

JR・近鉄桜井駅から談山神社行きバス30分、終点下車すぐ

住所 桜井市多武峰319
拝観 9時～16時30分
料金 入山500円(4月1日～5月31日)

山の緑、瀟洒な社殿、十三重塔を飾る多武峰の桜

地図P4B-3

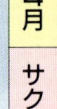

絢爛豪華な大野寺の糸しだれ桜

大野《おおの》寺《でら》の糸しだれ桜

室生村

花期…4月上旬～中旬
問い合わせ先…☎0745・92・2220　大野寺

いつもは静かな大野寺もしだれ桜の花の頃になると多くの人で賑わう。立ち止まり、感嘆の声を上げ、写真に納める。花に見入る人の顔もまたいいものだ。

この見事な桜は一時、枯死寸前まで弱ったことがあるという。二〇年ほど前、花芽がついた三月に時ならぬ春の大雪が降り、枝が折れた。以来、木はすっかり弱って、住職の岡田慈明さんは「枯れるのを待つしかないのでは」と心を痛めた。そんな時、有名な樹医との出会いがあって桜はよみがえることになる。

「百年ぐらいの樹齢と思っていたら二本とも三百年で、しだれ桜の中でも珍しい種類の糸しだれと教えてくれはったんです。その頃、私も狭心症で倒れましてね、桜と一緒ですね。死線を越えました」と話された。

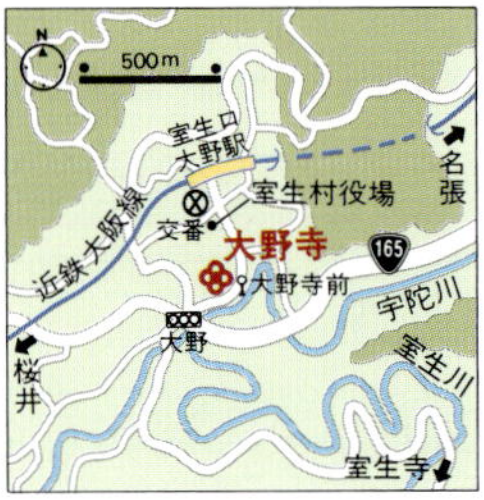

近鉄室生口大野駅から徒歩５分

住所　宇陀郡室生村大野１６８０
拝観　８時～17時
料金　１００円

古さびた石段をおおうように山桜の巨樹が咲く

仏隆寺《ぶつりゅうじ》の桜

榛原町

花期…4月中旬〜下旬
問い合わせ先…☎0745・82・2714　仏隆寺

仏隆寺の石段は四季折々、いつ訪れても心が洗われる。曼珠沙華が咲き続く秋、うっすらと雪化粧した冬、蝉時雨の夏、そして石段にさしかけるように枝を広げる桜が惜しみなく花びらを流す春。

あたりの自然にしっくりとなじんで人の手になるものという事さえ忘れてしまうほどの石段と満開の桜。樹齢九〇〇年という県指定天然記念物の老樹と石段を見上げていると、昇華された世界へと誘われる心地がする。

境内の山際にこの寺を開いたと伝えられる空海の高弟、堅恵上人の廟があり、みるからに苔色をした羨道《せんどう》の奥の玄室には一基の五輪塔がひっそりと安置されている。入寂《にゅうじゃく》の時を悟り、自ら山へ分け入ったという老僧の話をふと思い出した。

近鉄榛原駅から上内牧行きバス15分、高井下車、徒歩35分

住所　宇陀郡榛原町赤埴1684
拝観　9時〜17時
料金　入山100円、本堂300円

地図P4C-3

のどかな田園風景の中に忽然と典雅な春が現れる

本郷《ほんごう》の又兵衛《またべえ》桜

大宇陀町

伊勢街道を桜井から峠ひとつ越えた盆地に、宇陀郡大宇陀町がある。伊勢の海の幸、吉野の山の幸を集めて都へ運び、古代からの中継地として栄えてきた。宇陀で作られる葛を吉野葛、吉野で作られる和紙を宇陀紙と呼ぶのも吉野とのかかわりの深さのせいだろうか。万葉の時代には阿騎野《あきの》と呼ばれ、柿本人麻呂が詠んだ〝かぎろい〟が有名で、旧暦十一月十七日の早暁、「かぎろいを観る会」が開かれる。

大宇陀町本郷には、屋敷跡の石垣の上に豪快なほどの枝垂れ桜が風に揺れて咲き、贅沢に花びらを散らす。小高い山の緑を背景に、桃の濃い紅色と桜の薄紅色。何げない里の見事な色の取り合わせが心に染みる。後藤又兵衛ゆかりの桜かは疑問。

住所　宇陀郡大宇陀町大字本郷

近鉄榛原駅から大宇陀行きバス15分、大宇陀高前下車、徒歩20分

花期…4月中旬～下旬
問い合わせ先…☎0745・83・2251
大宇陀町観光協会

背景のモモの濃い紅と桜の淡い紅が里を彩る

地図P4B-3

市民の花見処として親しまれる城跡の桜は夜になるとライトアップされる

郡山《こおりやま》城《じょう》跡《せき》の桜

大和郡山市

花期…4月上旬〜中旬
問い合わせ先…☎0743・53・1151 大和郡山市商工観光課

室町時代の末、筒井順慶が大和一国を領して居城を構え、後に豊臣秀長が一〇〇万石で入封、さらに大規模な築城を行った大和郡山城。壮大な石垣をもつ城で、この石は平城京羅城の野礎石社から寺の礎石、石仏にいたるまで奈良中の石を集めたといわれ、今も「さかさ地蔵」と呼ばれる石仏がひっくりかえったまま。これは、秀長が寺社の力を押えるためとも伝えられるが、いかに石仏でも数百年間もの逆立ちのし続けでは痛々しい。

江戸時代には何代か藩主が変わった後、柳沢藩として明治維新を迎えた。

城跡には一〇〇〇本もの桜が植えられ、大和の桜の名所として知られ、花見客が宴を張る。廃藩の時、城は取り壊されていたが近年、追手門や東隅櫓《やぐら》、多聞櫓が再建され、城下町の風情を取り戻してきた。

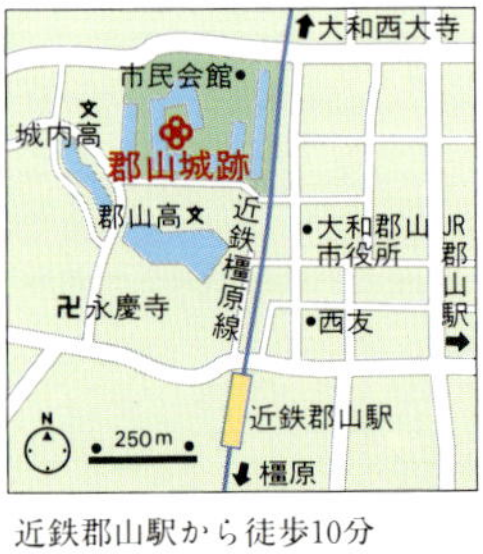

近鉄郡山駅から徒歩10分

住所　大和郡山市城内町

きらびやかな薬師寺の本堂と西塔、凍れる音楽と評される東塔を桜越しに眺める

西《にし》の京《きょう》大《おお》池《いけ》畔《はん》の桜

奈良市

花期…4月上旬～中旬

問い合わせ先…☎0742・34・1111 奈良市観光課

　古代には勝間田池と呼ばれた大池は今も静かなたたずまいで、池畔にはクズ、ヤマフジ、ススキ、ノギクなどが自生して、折々に花をつける。たいがいは目に止まることもなく見過ごされてしまう。ここから薬師寺、さらに若草山へと続くはるかな眺望の素晴らしさにすっかり目を奪われてしまうからだ。とても足元の地味な花にまで気は届かない。でも、桜となれば話は別。

　再建された金堂と西塔のきらびやかな朱と金色、対して東塔の無彩色。このコントラストの作る不思議な調和に淡い桜が咲き添えられると、時間の枠がからりとはずれる。大宮人や山部赤人の華やかで明るい春と、漂泊の人芭蕉の鋭く軽い諧謔《かいぎゃく》の春を同時に見ているような気分、と言えばいいだろうか。

　異質なものの比較が桜によって実感となる。

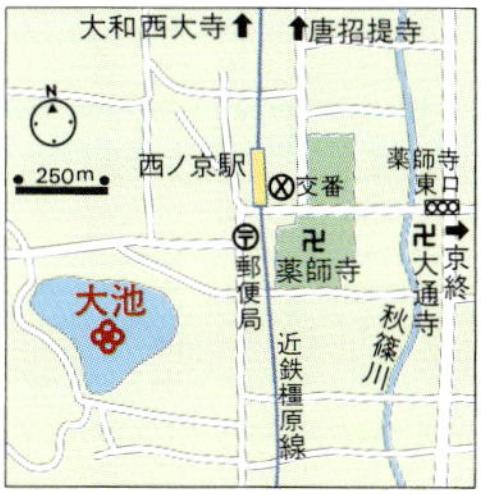

近鉄西ノ京駅から徒歩10分

所在地　奈良市六条町

広大な公園ではいたるところに桜の花が咲く

奈良《なら》公園《こうえん》の桜

奈良市

花期…4月下旬～5月上旬
問い合わせ先…☎0742・22・0375 公園管理事務所

興福寺、春日大社、東大寺、正倉院、国立博物館から若草山、春日山と奈良の名所のほとんどがこの公園の中。老木や巨木が枝を広げる浅茅ヶ原、鹿が群れ遊ぶ飛火野、木立からは堂塔が垣間見えて美しい。

奈良を初めて訪れた人がまず驚くのは、この広大な緑の公園が都市の中に残っているということ。大仏殿も五重塔もここではひとつの点でしかない。この公園も昔のままに残っているのではなく、大部分が明治二十七年から二年ほどの間に造営されたもの。開園当時、国立博物館のあたりは田畑だったという。天平を彷彿とさせる自然も明治の知恵と勇気があればこそ。桜や楓の植林も積極的に行われてきて、今の花盛りがある。奈良の八重桜、緑色の御衣黄など多様な桜約三五〇〇本が奈良の春を彩る。

近鉄奈良駅から徒歩10分

所在地　奈良市春日野町

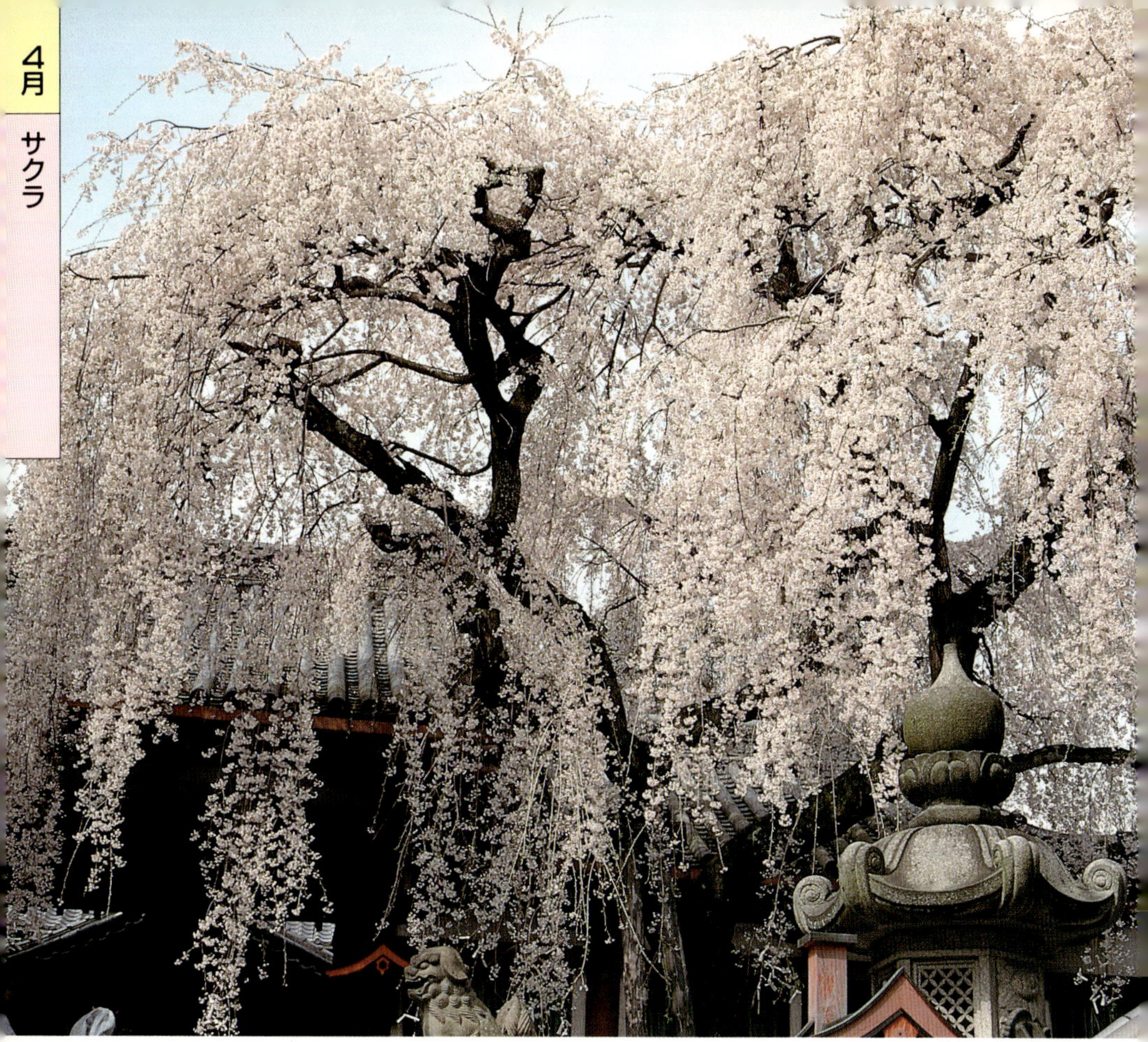

氷の神を祀る神社の春の華やぎ

氷《ひ》室《むろ》神《じん》社《じゃ》のしだれ桜

奈良市

花期…3月下旬〜4月上旬

問い合わせ先…☎0742・23・7297　氷室神社

清少納言は「いみじう暑き昼中に」せめても氷水に手を浸して気分を紛らしていたと書いている。冷凍庫がなかった時代、氷はどんなにか貴重なものだっただろう。

氷室とは、冬にできた氷を夏まで貯蔵しておく室のことで、都に近く清冷な所に作られていた。社伝によると平城遷都にともなって春日の吉城川上流に氷室を作り、氷室明神を祀ったのが起こりで、鎌倉初期に現在の地に遷宮したと伝える。六月一日は氷の節会といい、儀式が執り行われていたようだが、平安時代には衰えた。現在、五月一日には献氷祭が行われ、全国の製氷会社によって美しい花氷や氷柱が供えられる。四月初め、さして広くない境内にしだれ桜が天蓋さながらに咲きこぼれ、通りかかる人々は歓声と共に立ち止まる。

近鉄奈良駅から徒歩10分

住所　奈良市春日野町159

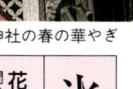

花霞の向こうに大仏殿の大屋根や興福寺の五重塔が見える

奈《な》良《ら》奥《おく》山《やま》ドライブウェイの桜

奈良市

花期…4月上旬～中旬

問い合わせ先…☎0742·34·1111 奈良市観光課

平城京の昔から都人の散策の地として親しまれてきた春日山。古歌にも多く歌われてきたこの山は、春日大社の神域として狩猟、伐採が禁じられてきたため、うっそうとした原始林となって現代まで残されてきた。都会に接してながら、これだけの原始林が守られてきたことの意味は重く深い。暖地性と温帯性の樹木が錯綜《さくそう》する森の有様は学術的にも珍しく、国の特別天然記念物にも指定されている。

芝生の山で三つの笠を重ねたように見える姿から三笠山とも呼ばれる若草山から、春日山、聖武天皇の離宮があったとされる高円山を通るドライブウェイからは、大和平野と山城平野を一望のもとにできる。この道沿いには桜の木が多く、花陰から眺める東大寺の大屋根、生駒山にいたる景色はおぼろにかすんで春うらら。

近鉄奈良駅から三笠温泉行きバスもあり

所在地　奈良市春日野町

地図P6A-1

じゅうたんのように敷きつめられた桜花も趣がある

戒《かい》壇《だん》院《いん》の桜

奈良市

花期…4月上旬
問い合わせ先…☎0742·22·5511　東大寺

大仏殿の西、小高い丘につつましやかに建つのが戒壇院《かいだんいん》。南側、北側、いずれからも風情のある石段をのぼりつめると境内に出る。花の季節は特に南側のゆるやかな石段がことのほか華やぐ。誘う風がないにもかかわらず桜ははらはらと散り、石段に薄紅色の花びらを敷き詰める。

天平勝宝六年（754）に聖武天皇の招きで来朝した唐僧、鑑真《がんじん》和上が大仏殿の前庭に五台山の土で戒壇を築いたのが、わが国最初の戒壇。翌年にこの土を移して現在の地に戒壇院が創建された。当時は金堂、講堂、回廊が甍を連ねていたというが今は昔。こぢんまりとした堂内には四天王が西域風の甲冑《かっちゅう》に身を固めて立っている。忿怒の相、沈痛な面持ちの像もこの季節だけは愁眉《しゅうび》を開くように見える。

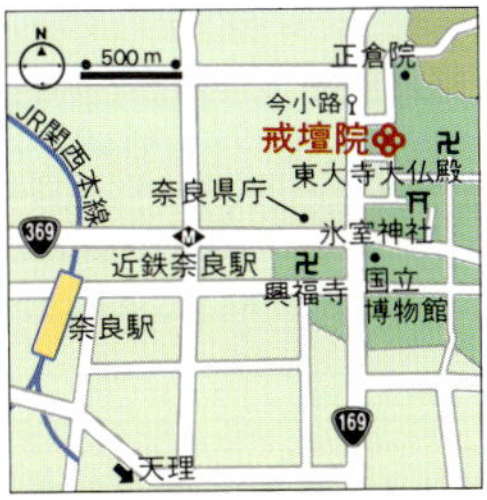

近鉄奈良駅から徒歩15分

住所　奈良市雑司町406-1
拝観　7時30分～17時30分（10月は17時まで、11～2月は8時～16時30分、3月は8時～17時）
料金　400円

地図P6B-1

いざや　いざや見に行かん

桜と序破急《じょはきゅう》

何年程前のことだろうか、東大寺二月堂のお水取りへ出掛けた。おたいまつは1日から14日まで毎日あがるので時間があればこぼれる炎を見上げられるし、家が近いので、夜中から出掛け、背中にぴったり張り付くような冷気が漂う局で過去帳を読み上げる修行僧の声を聞いたりするのも思いつきで実行できる。この時は、友人と一緒に長老のお話を聞き、修行に使う紙子などを見せてもらいながら二月堂の下に立った。たいまつが夜空にあがり、火の粉が舞う。はらはらとこぼれる小さな無数の火を見ながら、花のようだと思った。桜の花びらが惜し気もなく散っていく春の日盛りを、しんしんと凍るような寒い夜に連想したのはどうしてだろう。わきあがる歓声の中から聞こえてきたのは練行衆の沓の音。〝だっ、だっ、だっ、だっ、だ、だ、だ、だだだ〟としだいに早くなっていく。

その時、隣にいたピアニストの友人が「ああ、序破急ね」と言った。日本人の美意識の根底は序破急のリズムなのだと聞いたことがある。世阿弥の『花伝書』にも書かれているこの言葉は、能や歌舞伎、茶道などいろんな文化の中にも息づいている。そして桜こそは序破急そのままに咲き、散っていく。火の粉に宿る桜の心。

以前、紙漉きの里、吉野町国栖で紙のいろいろを見せてもらったことがある。杉の皮や吉野川の藻などを漉きこんだ中に桜紙があった。土の色を含んだ淡くにぶい紅の紙は華やかというより、控えめで深い味わいのある色をしていた。手に取りながら、無数の花びらが染め上げる様子を想像した。紙漉きひとすじに生きる福西弘行さんは「桜の樹皮で染めるんですわ」という。驚いて問い返した。桜の色は花にあると思い込んでいたのだ。木の肌のどこに繊細な色があるのだろう。「桜が花を咲かせる前の樹皮をいただきます。木が弱るといけないから少しね。30年くらいの木がよろしいな、人間と同じ、元気があっていい色が出る」

花が咲く前の桜の枝先はほんのりと赤らんでいる。木は全身であの桜色をつくり出しているのだ。花びらの無数の薄い紅色はほんの一端。花を咲かせるまでの長い時間、木肌の下では綿密な色の調合が行われている。時間をかけて色素を溜め、花芽をつけて育て、蕾みになると一気に膨らみ、散っていく。「序破急」は

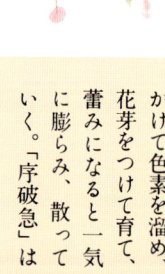

桜に想を得た言葉なのかも知れない。散りぎわの見事さ、潔さに人の死を重ね合わせた不幸な時代があった。死んでこそ本懐、桜のように見事に散るなどという痛ましい事態も現実であった。戦後、軍国主義のシンボルとして桜が伐採された所もあるという。なんという勝手。桜は美意識や精神性などとは無関係にひたすら花を咲かせて散っていく。自然の摂理のままに。「願わくば　花のもとにて　春死なん」と歌った西行も死よりは強烈な生の賛歌として詠んだのだと思うのだが。

＊

桜は自然のままに咲き、人は素直にその美しさを愛でているのが一番いい。いずれにしても春に桜は欠かせない。

掛け軸に「花」の一字が書いてあれば桜のことだし、工芸品の意匠としてもさまざまに描かれてきた。茶席の取り合わせでは同じものの重複を避けるけれど、桜だけは別。「花重《はなおも》」と称して喜ばれる。

桜前線を心待ち、花が咲いたら桜雨を心配する。桜湯飲んで桜餅食べて、桜の下では花の宴。いつの頃からこれほどまでに愛されるようになったのだろうか。「古事記」には木花之佐久夜毘売のことが書かれておりコノハナサクヤヒメのサクヤがサクラになったといわれている。悲劇の死を遂げる平城貴族、長屋王は『懐風藻』に桜を歌った漢詩を残している。万葉集に出てくる桜は44首。梅の一一八首からみると随分少ない感じがするが、当時、梅は中国渡来の高嶺の花。野原に自生してふんだんにあった桜より歌に詠みたい花だったからかも知れない。平安時代、『古今和歌集』になると立場は逆転、桜は梅を圧倒する。

桜の花だよりが聞かれると、名所には人が繰り出す。新入社員の初仕事が花見の場所取りだったりすることもあるという。日ごろは花など見向きもしない人達も、やっぱり桜は好きだったのだと見直したりもする。いろんな花見があるけれど、思いがけずに出会う桜も心ときめく。深い緑の山にほうっと一本の桜が咲いて、そこだけ雲がかかっているように見えるとき、こぢんまりとして訪ねる人もない山寺に不似合いなほどのしだれ桜が咲いているのを見つけたときなど。

明日香村の小さな谷筋の畑の一本の桜も忘れ難い。斜面から棚田に差し伸べるように枝が伸び、ゆるゆるとほどいたように花が咲いていた。そばに寄ると春の香りが降ってくる。棚田の向こうは櫟《いちい》林。一幅の絵のような景色だった。足元にはイヌフグリの青い小さな花が金平糖を散らしたように咲いているし、畑の菜っ葉ではテントウ虫が元気に動き回る。

花は花だけではなく、地面や背後の林、空、空気や水、小さな生き物と共にあってこそ美しい。

斑鳩《いかるが》の里《さと》の菜の花

斑鳩町

花期…4月上旬～下旬
問い合わせ先…☎0745・74・1001
斑鳩町観光課

〝柿食へば鐘が鳴るなり法隆寺〟という正岡子規の有名な句のおかげで、斑鳩は秋の風景の中にすっぽりと納まってしまった感じがするが、四季折々、いつ訪れても斑鳩は斑鳩。たおやかな表情で迎えてくれる。

春、大気が湿り気を帯びて土が香り始めると、菜の花が大根の花と共に咲いて里をのどかに彩る。花の向こうには法輪寺の三重塔。聖徳太子の子山背大兄王が太子の病気平癒を祈願して創建された寺は、昭和19年に唯一残っていた創建当時の塔を落雷で焼失してしまう。その後、昭和50年に作家の幸田文などの尽力で旧地に昔ながらの工法で再建された。斑鳩は人の心を呼ぶらしい。そして、歴史が綴られていく。

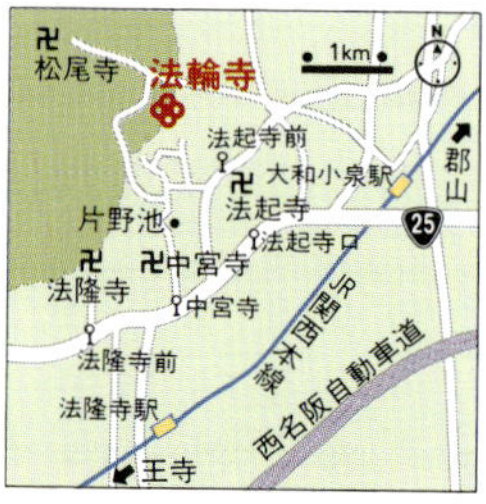

近鉄奈良駅から法隆寺行きバス49分、法起寺口下車、徒歩10分

所在地　生駒郡斑鳩町岡本三井周辺

斑鳩の田園風景に菜の花が溶け込む

地図P4A-2

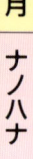

大和川の岸辺に咲くセイヨウカラシナ。菜の花に似ているが種類は異なる

大和《やまと》川《がわ》の菜の花

河合町

花期…4月上旬〜下旬
問い合わせ先…☎0745・57・0200　河合町産業建設課

　ナイル川、ガンジス川、黄河、川は文化を育んできた。京都は鴨川、大阪は淀川。奈良の川は佐保《さほ》川、竜田《たつた》川、初瀬《はつせ》川、富雄《とみお》川など古くから歌に詠まれ、歴史に書かれた川が盆地の中央に向かって流れ、大和川に集まる。奈良盆地はこういった河川の堆《たい》積《せき》で肥沃《ひよく》な土地だったことから農耕が発達してきたという。

　三世紀から四世紀、壮大な前方後円墳を築造できるほどの強大な政治権力が誕生するけれども、その経済を支えたのは、この豊かな実り。でも、どの川も小さく水量がないため「大和ひでり」という言葉があるほど水は問題だった。その水を賄《まかな》い、水路として大和に多大な恩恵を与えてきたのは大和川だった。

　時代を流し、さまざまなドラマを流してきた大和川。水ぬむ頃、菜の花の花びらが流れる。

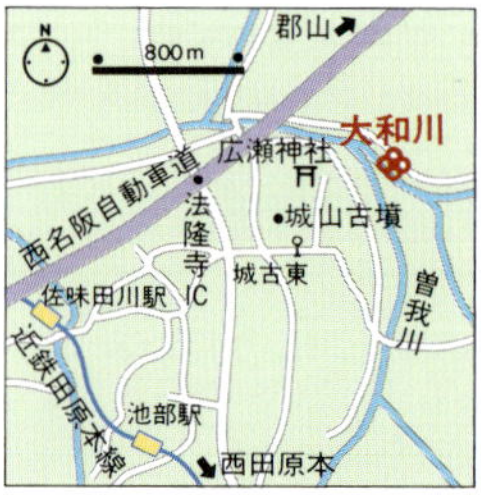

JR法隆寺駅から近鉄結崎行きバス8分、城古東下車、徒歩5分

所在地　北葛城郡河合町大字河合

地図P4A-2

飛鳥を見下ろす小高い丘も花盛り

甘《あま》樫《かし》の丘《おか》の菜の花

明日香村

花期…3月下旬～4月下旬

問い合わせ先…☎0744・54・2001　明日香村企画振興課

飛鳥を一望できる甘樫の丘は、のんびり歩いても五分ほどで登ることができる。古代史の舞台となった飛鳥のたたずまいから大和三山、山ごもれる青垣が手を取るように見渡せる。この丘は、熱湯に手にくぐらせて正邪を見分けるという古代の裁判、盟神《めいしん》探湯《たんとう》が行われた所であり、大化改新で滅ぼされた蘇我蝦夷《そがのえみし》、入《いる》鹿《か》父子の邸宅があった所でもある。日本書紀によると蘇我氏の邸宅には防火用水と先に鉤《かぎ》のついた棒が用意されていたと書かれている。近代消火法の放水と破壊、この二つの方法ともすでにこの頃から実用化されていたことになる。

板蓋宮を見下ろし、天皇家をもしのぐほどの力を持っていた蘇我氏も、結局は自ら放った火の中に滅ぶ。

千年の時を隔てて菜の花はおだやかに風景を彩る。

所在地　高市郡明日香村川原

近鉄橿原神宮前駅東口から岡寺行きバス7分、甘樫丘下車、徒歩10分

地図P4B-3

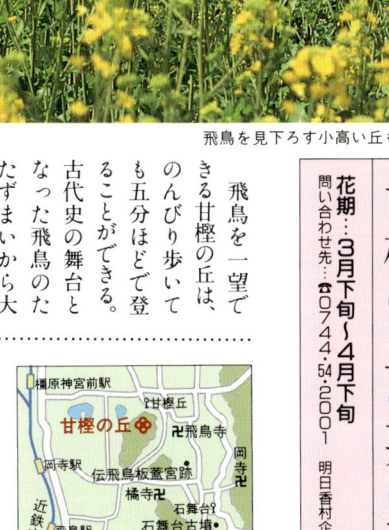

飛鳥《あすか》の蓮《れん》華《げ》草《そう》

明日香村

稲刈りの頃に撒いたレンゲソウの種がいっせいに花開く

歴史の故地が春霞に包まれると田圃にはレンゲが咲いてのどかな情景が広がる。ゲンゲとも呼ばれ、春の田には欠かせない花だが、江戸時代に中国から伝えられたというから、その歴史は案外新しい。根には根粒バクテリアが付着して緑肥となり、牧草にもなって栽培されてきたが、化学肥料の普及や、耕運機にからまるなどの理由でこの頃見かけることがすっかり減った。

飛鳥から桜井あたりでは、平坦な田にも棚田にもまだレンゲソウが咲く。山の麓から谷あいにかけて耕作された田の風景は、昔の思い出をそのまま封印したようだ。少しでも多くの収穫を得るための工夫だったレンゲソウの風景が心に染みる。働く人の手が思われる田に、赤い花じゅうたんとなって咲き敷く。

花期…4月上旬〜下旬

問い合わせ先…☎0744・54・2001
明日香村企画振興課

所在地　高市郡明日香村八釣

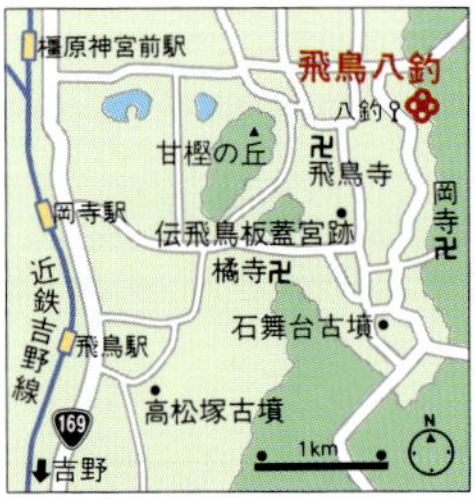

近鉄橿原神宮前駅東口から桜井行きバス20分、八釣下車、徒歩5分、または岡寺行きバス10分、飛鳥大仏前下車、徒歩15分

地図P4B-3

神話や伝説に包まれる香久山には万葉の森公園がつくられ、折々に花が咲く

万《まん》葉《よう》の森《もり》の桃

橿原市

「香久山《かぐやま》は畝傍《うねび》を愛しと耳成《みみなし》と相争ひき」と天智天皇は大和三山に託して、額田王《ぬかだのおおきみ》、大海人《おおあまの》皇子《おうじ》との関係を歌った。国見をしたのも、衣を干したのも天香具山で、古来さまざまに歌われ、親しまれてきた山。そして、「天の」という美称さえつけられる。

天香久山西麓には、奈良国立文化財研究所飛鳥藤原宮跡発掘調査部の庁舎があり、藤原宮に関する資料が展示されている。歴史の山にふさわしく、遺跡や神社なども多いのでそぞろに歩きながら古に思いを馳せる格好の地。東山麓には万葉の森公園があり、万葉で歌われた植物が楽しめる。ことに春、モモの花が咲くと明るい華やぎに満ちて、晴れやかな気分になる。

花期…4月上旬～中旬
問い合わせ先…☎0744・22・4001 橿原市観光課

所在地 橿原市南浦

ＪＲ香久山駅から徒歩15分

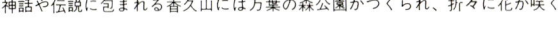

モモ畑越しに大和三山の秀麗な姿も眺められる山の辺の道

山《やま》の辺《べ》の道《みち》の桃

奈良市・天理市・桜井市

花期…4月上旬〜中旬

問い合わせ先…☎0744・42・9111 桜井市商工観光課

大和盆地の東の山裾、奈良から桜井を結ぶ日本最古の道が山の辺の道。今、古代の道を正確に辿《たど》ることは難しいが、地形のままの曲折を見せながらのびやかに続いている。丘を越え、川の流れに沿い、集落の中を通る道は、明るく静かで古代王朝と豪族たちの栄枯盛衰《えいこせいすい》を物語るような大小の古墳群を縫って通る。

ひそやかに建つ小さな社や寺、道端の石仏、木々をわたる風と土の匂いなど、この道が生まれた時もこうであったろうと思わずにはいられない。

春、景行《けいこう》天皇陵や崇神《すじん》天皇陵さらに、檜原神社あたりの近くにはモモ畑が多く、あでやかな花でこの古道を彩る。高みにある道からは、大和三山が霞の中

に浮かんで見えて、夢のような景色が広がる。

所在地 奈良市～天理市～桜井市

モモ畑が多いのは山の辺の道の南半分。JR・近鉄天理駅から市内循環バス10分、石上神宮から桜井市へ向かって歩く。

“くれなひにほふ桃の花”との歌さながらのモモの花姿

地図P4B-3

堀辰雄も愛したひそやかな寺に、ユキヤナギの白い花が美しい

海《かい》龍《りゅう》王《おう》寺《じ》の雪柳

奈良市

花期…3月下旬～4月上旬

問い合わせ先…☎0742・33・5765　海龍王寺

法華寺の東側にひっそりとたたずむ海龍王寺。崩れかけた土塀、風雪に耐えた門。訪れる時に昔のままなのを確かめるとなぜかほっとする。堀辰雄が佐保路を歩いてこの寺に入った昭和初期もこんなだったのだろうか。『十月』という作品に「女の来るのを待ちあぐねている古の貴公子のやうにわれとわが身を描いたりしながら」一時間ほどさまよっている。

土塀に沿って細い道を入ると境内は思いのほかに広く、正面には西金堂があり、この中には天平時代の五重小塔（国宝）が安置されている。古さびた寺もユキヤナギが花をつけると一気に春の装いとなる。行儀のいいとは言い難いユキヤナギが奔放に枝をしならせ、雪さながらの白い小さな花びらを散らす。

住所　奈良市法華寺北町
拝観　9時～16時30分
料金　400円

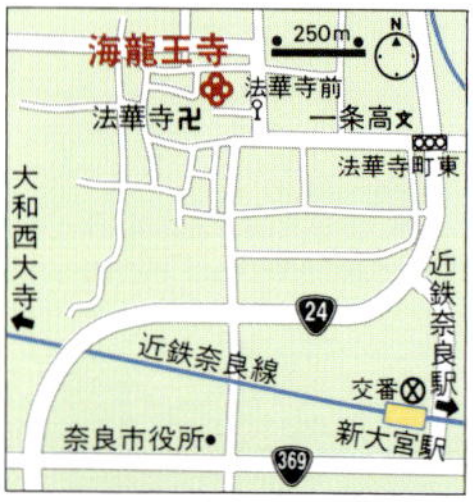

近鉄奈良駅から西大寺方面行きバス12分、法華寺前下車すぐ

森《もり》野《の》旧《きゅう》薬《やく》園《えん》のカタクリ

大宇陀町

万葉集では“カタカゴ”と呼ばれるカタクリ。跳ねた花びらが愛らしい

織田信長の次男信雄《のぶかつ》が治めた城下町だった大宇陀町には、古い町並が残り、歩いていると気持ちがなごむ。おだやかな瓦屋根、虫籠窓、深い軒の下には連《れん》子《じ》が並ぶ。今井町のような居丈《いたけ》高《だか》なところがなく、奈良町のような繊細にすぎるところもなく、昔の日本家屋の原形がここにはあると聞いたことがある。初めて訪れても懐かしい。

街道すじの静かな町並に「元祖吉野葛　大葛屋」と書かれた大きな看板の旧家がある。ここの裏手に森野旧薬園が広がっている。幕府薬草御用方が大和へ薬草採集に来た時、初代が手伝ったことが薬草園の始まり。可憐《かれん》なカタクリなど珍しい薬草が植えられていて楽しい。

花期…3月下旬〜4月上旬
問い合わせ先…☎0745・83・0002 森野旧薬園

住所 宇陀郡大宇陀町上新1880
開園 9時〜17時
料金 300円

近鉄榛原駅から大宇陀方面行きバス19分、大宇陀下車、徒歩8分

不《ふ》退《たい》寺《じ》の連《れん》翹《ぎょう》

奈良市

花期…3月下旬〜4月上旬
問い合わせ先…☎0742・22・5278 不退寺

レンギョウの黄色には風情があり、寺院の庭にもよく似合う

多宝塔や本堂が花に包まれる

『伊勢物語』のモデルであり、平安朝きっての美男で恋多きプレイボーイ、在原業平《ありわらのなりひら》ゆかりの寺がここ。境内にはレンギョウ、カキツバタ、美男カヅラ、業平ツバキなどの花々で四季それぞれに華やいで、さながら業平を囲む女たちといったところだろうか。

不退寺は平城天皇が余生を送った萱《かや》の御所に孫である業平が自作の観音像を安置して承和十四年（847）に寺としたと伝えられている。室町時代の建築とされる本堂は流れるように美しい本瓦葺きと細かな格子の蔀《しとみ》戸が印象的。いかにも貴族好みの繊細な感じを受けるのは、業平という先入観で見るからかも知れない。

蝶の羽を思わせるレンギョウの花のつながりは、春の花盛りにさきがけて咲く。

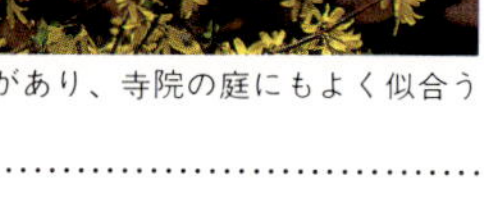

近鉄奈良駅から西大寺方面行きバス10分、不退寺口下車、徒歩5分

住所 奈良市法蓮町
拝観 9時〜17時
料金 400円

地図P6A-3

白《びゃく》毫《ごう》寺《じ》の五色椿

奈良市

1本の木に白、紅、絞りなどさまざまな花をつける五色椿

古都奈良に春が訪れるのは東大寺二月堂のお水取りが終わってから。このお水取りに欠かせないのがツバキの花。まだ花には間のある寒中のこと、ツバキはベニバナで染めた紙を使い、練行衆の手で作られる。厳しい行法の中の華やぎの時。木扁《きへん》に春と書いて椿、春を代表する花として重んじたのは、常緑のつややかな葉とあざやかな花の色に霊力を感じてのことだろう。

白毫寺の「五色椿」は東大寺の「糊《のり》こぼし」、伝香寺の「散り椿」と共に三名椿。樹齢四〇〇年のツバキは紅、白、絞りとさまざまな花が咲く。ぽとりと花が落ちるのは、ふんわりやわらかな濃い緑の苔の上。

花期…4月上旬～中旬
問い合わせは…☎0742・26・3392 白毫寺

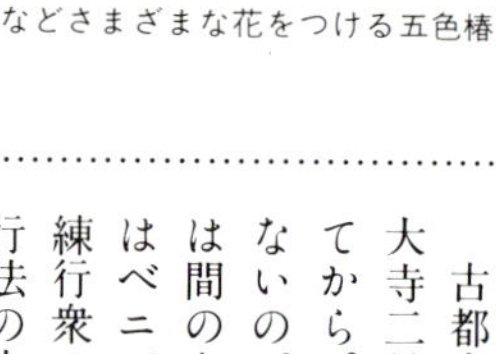

近鉄奈良駅から市内循環バス10分、高畑町下車、徒歩20分

住所 奈良市白毫寺町892
拝観 9時～17時
料金 400円

落花した色とりどりのツバキ

地図P6C-1

般《はん》若《にゃ》寺《じ》の山吹

奈良市

花期…4月中旬~5月上旬
問い合わせ先…☎0742・22・6287 般若寺

石仏に寄り添って咲くヤマブキ

いつ訪れても何らかの花が咲いている般若寺。端正な姿で知られる鎌倉時代の楼門、すっくとそびえる十三重の石塔、飛鳥時代の創建とも伝えられる大和の古寺には可憐な花がよく似合う。境内には西国三十三ヶ寺巡礼の観音が石仏となって並び、たおやかな表情でとりどりの花をめでているかのように見える。ヤマブキが境内を埋め尽くして咲くと、一面金色に輝き、石仏のお顔もことさら美しい。ヤマブキに見とれながらの三十三観音巡り、夢心地のうちにたやすくできてしまうのも何やら幸運に出会ったよう。

般若《はんにゃ》とはサンスクリット語で悟《さと》りを開くための根本的な知恵。仏の知恵とでもいったところか。

近鉄奈良駅から青山住宅方面行きバス10分、般若寺下車、徒歩5分

住所 奈良市般若寺町
拝観 9時~17時
料金 400円

古い築地塀を彩ってヤマブキが咲き春の風情が濃くなっていく

法隆寺夢殿と共に奈良時代の貴重な八角円堂で知られる栄山寺

栄《えい》山《ざん》寺《じ》の山吹

五條市

花期…4月下旬～5月中旬
問い合わせ先…☎07472・4・2086　栄山寺

養老三年（719）藤原不比《ふひ》等《と》の子、武智麻呂によって創建されたという寺には優美な八角堂がある。柱はすべて八角形、四面に板扉が開き、ほかの四面は連子窓。ほの暗い内部に入って目を凝らすと天蓋、内陣の柱などに彩色装飾画の跡がところどころに見える。

ご住職はなかなかのカメラマンで、たくさんの写真に撮っておられる。装飾画も写真で見せていただいたが、うっすら残る絵が色も形もよく撮れていた。「私はこの魅力を〝消え消えの美〟と名付けているんです」と話された。寺を守る人の深い思いからならではの言葉だった。

室町時代の再建と伝えられる本堂の脇にはヤマブキが濃い黄色の花をつけていた。消えゆく絵とのあざやかな対比。

JR五条駅から西阿田行きバス6分、栄山寺下車すぐ

住所　五條市小島町503
拝観　9時～17時30分
料金　400円

地図P5A-4

広い園内にはハナショウブだけでなく、アジサイやテッセン、そしてシバザクラも咲く

滝《たき》谷《たに》花《はな》しょうぶ園《えん》の芝桜 室生村

花期…4月下旬～5月中旬
問い合わせ先…☎0745・92・3187 滝谷花しょうぶ園

昭和六十年に開園した滝谷花しょうぶ園はハナショウブだけでなく、アジサイやシバザクラなども咲く花の名所として知られている。商社マンだった日《ひ》下《が》志《し》務《つとむ》さんが生まれ育った村を美しく活性化させようと呼びかけ、組合をつくってスタートさせた。恵まれているのは地形と自然だけ、資金も経験もゼロの中、〝手をかければ必ず応えてくれる花々〟に励まされて整備をすすめてきた。

「最初はこの谷間に花が咲き乱れたら、さぞ美しかろうと思ったのがきっかけなんです。そして、花で活気のある村になったらいいなあって」と日下志さん。ハナショウブを基本に、似合う花をと育ててきた。斜面を埋めて白やピンクのシバザクラが広がる。夢物語が花になって。

近鉄三本松駅から臨時バス6分、または徒歩25分

住所 宇陀郡室生村滝谷365
開園 9時～17時
料金 735円

地図P4C-2

古代に高度な文化を誇っていた大和高原では、いたるところでコバノミツバツツジが見られる

大和《やまと》高原《こうげん》のコバノミツバツツジ

都祁村
山添村

花期…4月下旬～5月中旬
問い合わせ先…☎0743・82・0201 都祁村企画課

奈良盆地が「国中」と呼ばれるのに対して「東山中」と呼ばれてきた大和高原。縄文時代前期の遺跡が発掘されたり、古墳時代には「ツゲ」（闘鶏・都祁）という名の小国家があり、独自の文化を形づくっていたという。

まるで立ち入ることを拒《こば》むかのように木の根がうねる都祁山口神社裏山の上にある御社尾の磐座《いわくら》、山添村の左右一対の巨大な磐座が立つ岩尾神社、黒い巨石が川のように転がるなべくら渓など、さまざまな神秘が宿る。水田の中には〝やすん場〟と呼ばれる樹木の茂りが浮き島のように点在する。ここは神様がやすむ所で、はるかな昔から手もつけられずに残されてきた。

不思議の里のいたるところで見られるのがコバノミツバツツジ。素朴でつつましい色と形。

名阪国道小倉ICから奈良白鳳カンツリークラブ方面へ

所在地 山辺郡都祁村、山添村ほか

地図P4C-2

静かな田園風景を彩る紫の花

中世の山城跡が残る高取町にできたチューリップ園

高《たか》取《とり》のチューリップ

高取町

花期…4月上旬～5月上旬
問い合わせ先…☎0744·52·4766 高取チューリップ園

明日香村の隣にある高取町は吉野への通過点で、ときとして見過ごされてしまう。しかし、ここもまた扉をたたきさえすればさまざまな歴史ドラマや史跡が語り始める。

『枕草子』や『今昔物語』にも出てくる壺阪寺《つぼさかでら》、勅使《ちょくし》が遣《つか》わされたこともあったという小島寺、草壁皇子の陵と伝えられる束明神古墳、そして高取山には明治まで続いた山城の石垣が深い木立の中に累々《るいるい》と残る。城下には家老屋敷や武家屋敷、古い民家が連なった町並が美しい。富山の薬売りと共に売薬業の中心地でもあった。

高取町では今、さまざまな町おこしが試みられている。ハーブなどもとり入れた健康の町づくりの一つにチューリップ栽培がある。この色、確かに元気が出そう。

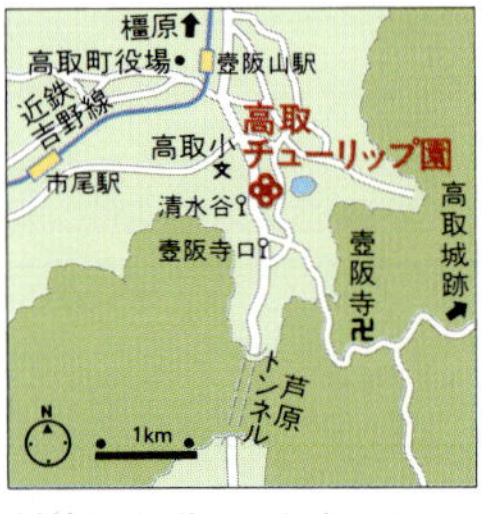

近鉄壺阪山駅から徒歩15分

住所　高市郡高取町清水谷

地図P5A-4

子供たちはあざやかな花に歓声をあげる

池泉回遊式の庭園は遠州流の名園として知られ、サツキ、ツツジ、オオテマリ、ボタンと境内は花の饗宴

船《せん》宿《しゅく》寺《じ》のツツジ

御所市

花期…4月下旬〜6月上旬
問い合わせ先…☎0745·66·0036　船宿寺

古くから呼ばれてきた葛木《かつらぎ》の山とは、現在の金剛山、葛城山の二つを合わせたもの。ここは古代から多くの神が鎮座する神の山。実際、雨あがりなどにこの山を間近に見ると、神の存在を感じないではいられない。こんもりと重なり合う山々、その一つずつが白い息をふうっと吹いて、雨を吐き出しているように見える。大和朝廷よりも前に栄えていたという葛城王朝があったのもここ。

　このあたりには、強い風が吹くところから名付けられたにしては何ともロマンチックな「風の森」や、「船路」という地名がある。どうして船という字が地名に付いているのだろうか、山里なのに。そして、船路には船宿寺という名前の寺がある。

　一〇〇〇株にも及ぶヒラドツツジ、キリシマツツジ、サツキが、一ヶ月以上にもわたって咲き続く。丸く刈り込まれた花の曲線が重なり、奥へと導く。池泉回遊式庭園も花の中。

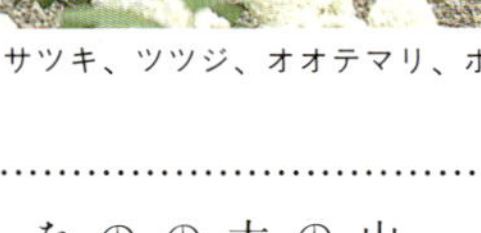

近鉄御所駅から五条バスセンター行きバス13分、船路下車、徒歩8分

住所　御所市五百家484
拝観　8時30分〜17時30分
料金　300円

山門への道にはツツジが咲き誇り、境内へと導く

地図P5A-4

根元に石仏を抱えた根上りの松からはツツジの並木が続く

「釜の口のお大師さん」と親しまれている長岳寺の楼門

長岳寺《ちょうがくじ》のツツジ

天理市

花期…4月下旬〜5月中旬
問い合わせ先…☎0743・66・1051　長岳寺

歴史の記憶をそこここに残す山の辺の道沿いにある長岳寺は、境内までのアプローチもきちんと刈り込まれたツツジに導かれる。鐘楼を兼ねた入母屋造、柿葺き鐘楼門をくぐって境内に入ると、ゆったりとした本堂の前には池が広がり、ここも花盛り。

古代紫の作務衣《さむえ》を着た長老夫人・北川幸さんは昭和十六年に結婚してこの寺に来て以来、長老と共に守ってきた。

「結婚して三ヶ月で召集令状が来ましてね、留守の間に長男が生まれ、帰ってきたのは長男が五歳の時でした。その頃は柳本に飛行場があって本堂にも庫裡《くり》にも軍隊が駐屯してたんですわ。梵鐘《ぼんしょう》も金属の仏さんも探し出して供出しましたしね」。

復員して来た長老は「まるで大工さんみたいやった」というほど毎日屋根にのぼったり、くぎを打ったり。そんな時代、お遍路さんが「お大師さんをまつったとこしか泊めてくれはらへん」と訪れた。おなかをすかせて来る人に、ここの産地だからと出したのがそうめん。接待の心で

作るそうめんの味は評判となって、今では目の回る忙しさ。
ツツジの美しさもそうめんのおいしさも、寺を守る人の手と心が作り上げる。

住所 天理市柳本508
拝観 10時～17時
料金 300円

ＪＲ・近鉄天理駅から桜井駅行きバス15分、上長岡下車、徒歩10分

日本最初の玉眼仏、阿弥陀三尊像を安置する本堂

地図P4B-2

大《おお》蔵《くら》寺《じ》のツツジ

大宇陀町

花期…4月中旬〜5月上旬
問い合わせ先…☎0745・83・2386 大蔵寺

ヤマツツジのほか、秋にはイチョウが美しい閑静な寺

大蔵寺前バス停から約一キロの坂道を上った山の中にひっそりとたたずむ大蔵寺は、父である用明天皇の勅願で子の聖徳太子が創建し、役行者が修行した。平安時代初期には弘法大師空海が嵯峨天皇の勅命を受けて堂宇を建立したという由緒ある古刹。

柿葺《こけら》き寄棟造の本堂や弘法大師の大師堂、般若寺の石塔と同じ宋の石工、伊行末《いぎょうまつ》の作といわれる十三重石塔などが立つ境内は、かつての大寺の面影もなく、木造の薬師如来像、木造天部形立像など多くの文化財が華やかな歴史を物語るだけ。茅葺きで茶室風の小さな弁事堂は岡倉天心が寄贈したもの。

初夏には深い歴史を包み込んでヤマツツジが赤く燃える。

住所 宇陀郡大宇陀町
拝観 自由
料金 無料

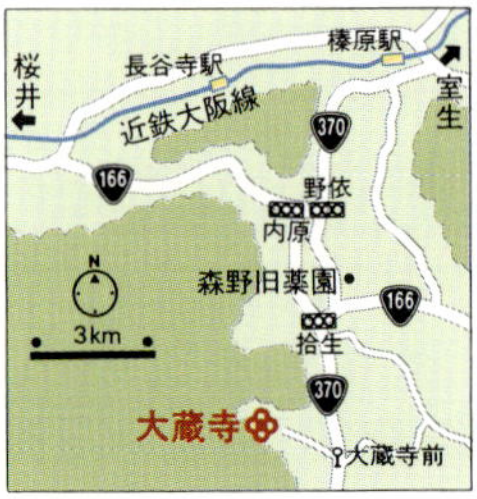

近鉄榛原駅から大宇陀行きバス19分、終点下車、笛吹行き・田原循環に乗り換え15分、大蔵寺前下車、徒歩20分

地図P5B-4

山が燃えているかのようなツツジ。百聞は一見にしかず、一度は体験したい

大和《やまと》葛城《かつらぎ》山《さん》のツツジ

御所市

広々とした葛城高原の斜面をヤマツツジ、レンゲツツジ、ミツバツツジ、モチツツジ、ミヤコツツジなど約一〇種類のツツジがさまざまな赤い色で染め上げる。一目百万本と形容される雄大なツツジの群生は植栽されたのではなく、すべて自生。以前は笹の原だったのだが枯れてしまい、その後、笹におされて生きていたツツジが、陽光を存分に浴びていっきに育っていったのだという。

斜面のうねりのままにツツジが咲き、高原全体は燃えたづような赤。とりどりの赤が自然の中に融け合って調和する。

ツツジのほかにもウツギやカタクリなどの花も咲く。夏には濃い緑、秋にはハギ、ススキ、オミナエシに木々の紅葉、そして冬には樹氷の花が開く。

花期…5月上旬～中旬
問い合わせ先…☎0745・62・5083
葛城高原ロッジ

所在地　御所市櫛羅

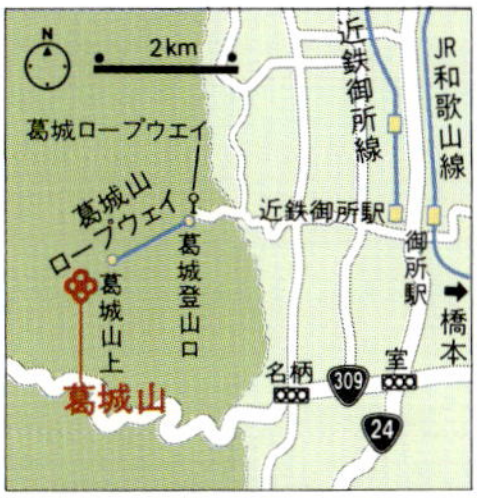

近鉄御所駅から葛城ロープウェイ駅行きバス15分、終点下車、ロープウェイで山上駅まで６分

鳥《とり》見《み》山《やま》公《こう》園《えん》のツツジ

棒原町

神武東征の伝説が伝えられる史跡は昭和初期から植栽が進められて美しい公園になっている

花期…5月中旬

問い合わせ先…☎0745・82・1301
榛原町産業課

『古事記』や『日本書紀』で活躍する人物はだれもが生き生きとして、野性味たっぷりに描かれている。神も人も、天も地も自由に行き交い、駆けめぐり、心のままに行動する。大昔のできごとから地名が生まれ、いまに引き継がれていることも多い。ことに大和には。

鳥見山もその一つで神武天皇の東征伝説の地。神武天皇は、エウカシ、オトウカシ、ナガスネヒコと戦い、ヤタガラスや金色のトビが道先を案内する。「勝つことあたわず」と進退きわまった時に現れたトビは、天皇の弓に止まり、その光りで敵の目を眩《くら》ませたと伝える。それがこの鳥見山で、聖跡と伝えられる。この地を「はりはら」といい、それが萩原であり榛原の語源だという。

昭和初期から整備が進められ、八・九ヘクタールの園内は春は桜やツツ

ジ、秋には紅葉が美しい。歌碑や句碑も点在する公園では五月第二週目の日曜日に鳥見山まつりも開かれ、わんぱく五月場所の相撲大会などで賑わう。

日本書紀にも出てくる伝説地には句碑も建てられている

所在地　宇陀郡榛原町萩原

近鉄榛原駅から徒歩60分

朱塗りの社殿に長い花房のフジが見事

春日《かすが》大《たい》社《しゃ》の藤

奈良市

『枕草子』の中で清少納言は「藤の花は房が長く、紫色があざやかなほど見応えがある」と書いている。春日大社の砂ずりのフジなら鋭い美意識の清少納言の目にもかなったことだろう。

春日大社内にある万葉植物園にもフジが多い

紫は高貴な色で主上よりほかは許されなければ身につけられなかった色。高貴な色をたっぷりと連ねるフジの花房を藤原氏は愛し、執着し、この花に一門を象徴させた。『源氏物語』の中でも藤壺の宮、紫の上とヒロインはフジの花にゆかりが深い。そういえば作者自身も紫式部。

朱塗りの回廊では、うららかな春の日に千を超える釣り灯籠が影を落とし、過ぎてゆく風にほの揺れる。流れてくるのはフジの香り。

花期…4月下旬〜5月上旬
問い合わせ先：☎0742・22・7788 春日大社

住所 奈良市春日野町
拝観 自由
料金 無料

近鉄奈良駅から市内循環バス5分、春日大社表参道下車、徒歩15分

染寺とも呼ばれる境内にはこんな可憐なシャクヤクも咲く

四季の花に囲まれる寺だが、最も華やぐのはこの季節

石光寺《せっこうじ》の芍薬《しゃくやく》

當麻町

花期…5月上旬〜中旬
問い合わせ先…☎0745・48・2031　石光寺

石光寺は染寺《そめでら》ともいう。これは日本の白雪姫といわれる中将姫が蓮糸曼荼羅図を織る時、糸を石光寺の井戸にひたして美しい五色の糸に染め上げたという伝説から。五色の糸は井戸のそばの桜の枝にかけて干したという。伝説の井戸と桜の木は今も境内にある。継母にいじめられてなお優しく生きた中将姫の足跡は奈良町、大宇陀、そしてここ當麻町に残り、語り継がれる。

石光寺の名前は、光を放つ土地があるので掘ってみると弥勒三尊の石像が出てきた。そこで、天智天皇の勅願によって役小角《えんのおづぬ》が堂宇を建てたと伝えられている。近年、発掘によって白鳳時代の建物跡と共に石仏が出土、伝説を裏付けるものとして注目された。

當麻寺と同じくボタンの花も美しく咲くが、ここでは同じ時期にシャクヤクも楽しめる。良く似た花だけれど、ボタンは木でシャクヤクは多年草。爛漫《らんまん》の春に咲くボタンとシャクヤク、いずれ劣らぬ花姿に、訪れる人は歓声とも溜め息ともつかない声をもらす。

冬にはうって変わって、寒ボタンやロウバイが清冽な美しさを見せてくれる。

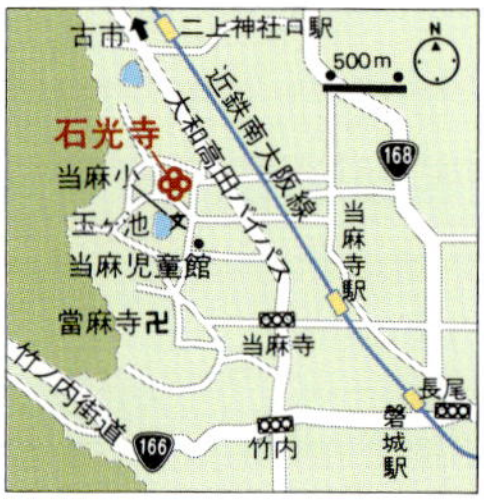

近鉄当麻寺駅から徒歩10分、または近鉄二上神社口駅から徒歩15分

住所　北葛城郡當麻町染野
拝観　9時〜16時30分
料金　300円

五月の陽光の中、イカリソウやレンゲツツジと共にシャクヤクが花開く

夜ボタンも艶っぽい

長《は》谷《せ》寺《でら》の牡丹

桜井市

叙情をかきたてる隠国の寺に多くの女人が憧れた

寒気を裂いてたいまつの炎が駆け回る「だだおし」、枝先が赤らむ芽吹きの時、木立の中に薄紅がかすむ桜の頃、蟬《せみ》時雨《しぐれ》の夏、燃え果てた枯れ葉がからからと風に舞う晩秋、折々に訪ねて来た長谷寺だったが、ボタンの花の時は来たことがなかった。機会に恵まれなかっただけなのだけれど、人込みを思うと気持ちが進まないのも事実だった。

でも、人の多さが何だろう、この圧倒されるボタンの花の見事さの前に、ためらいがどんな意味をもっていたのだろう。長い登廊の両側に、絢爛と咲く花絵巻。一五〇種、七〇〇〇株ものボタンがひとときの春を染め上げる。長い登廊が花を供とすればこんなにも短いとは。

花期…4月下旬～5月上旬
問い合わせ先…☎0744·47·7001 長谷寺

住所 桜井市初瀬731-1
拝観 8時30分～17時
料金 400円

近鉄長谷寺駅から徒歩20分

中将姫伝説はボタンが描く花曼茶羅

當《たい》麻《ま》寺《でら》の牡丹

當麻町

花期…4月下旬～5月上旬

問い合わせ先…☎0745・48・2001　當麻寺中之坊

雄岳《おだけ》と雌岳《めだけ》、二つの峰をもつ二上山《にじょうさん》の彼方には極楽浄土があると信じられてきた。古代の人は日の出の三輪山に生、日没の二上山には死の世界を見ていたのだろうか。夕焼けを背負い、黒い蔭となる山容は歴史を塗り込めて限りなく美しい。雄岳山頂には謀反の疑いで死に追いやられた大津皇子が眠る。落日の美しさは皇子への鎮魂か。

その聖なる山の麓にあるのが當麻寺と石光寺《せっこうじ》。どちらにも伝わる中将姫伝説、そして同じく花の寺。石光寺で染めた蓮糸をこの寺で綴織曼荼羅図に織り上げ、中将姫はそのまま二十五菩薩に導かれて極楽浄土へと向かったという。

ボタンの花が咲き競う季節にお練供養が行われ、二十五菩薩と中将姫が境内を歩く。

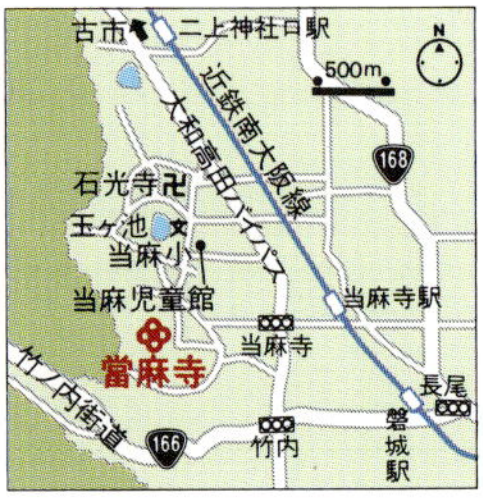

近鉄当麻寺駅から徒歩15分

住所　北葛城郡當麻町當麻

拝観　境内自由、各塔頭は9時～17時

料金　200円～300円

地図P4A-3

花が人を呼ぶ

花好きの友人から、きれいな牡丹が手に入ったからと連絡があった。行くと古い民家の離れ座敷につぼみの牡丹は生けられていた。「きれいだって言ってたけど、まだ分からないじゃない」と言うと、「うん、でもきれいですからって持って来てくれたの。きっときれいよ、みずみずしいし」とお茶を出してくれた。

たわいのない話に気を取られて、時間を忘れていると、「ほら、咲いてきた」と友人が指さした。床の間を振り向くと、女たちの騒がしい声で眠りから覚まされたかのようにゆるゆると花衣を解いている。種類によって一重、八重、千重、万重があるというが、これはどれなのか不案内で分からない。いずれにしても、幾重にも畳み合わせた花びらの一枚一枚が顔を見せた。紅紫のいわゆる牡丹色。

牡丹の花を見ながら五條市の吉野川南岸にある金剛寺を思い出した。花々で彩られる花の寺もちょうど、牡丹の季節。見事に咲いているのだろう。訪れた時、居合わせた住職夫人が花にまつわるお話をしてくださった。

「住職の父は大変厳しい人で掃除の仕方、文化財の保管などしっかり教えてくれはったんです。でもね、その父の反対を押し切って、ここを花の寺にしたんですよ。

そして住職と一心同体になって守ってきました」と藤原教順さんは懐かしそうに話された。真言宗だけでなく広く宗派を超えて、人々が訪れる寺にしたいというのが二人の願いなのだという。

「あんないい田をつぶしてって近所の人は笑ったりあきれたりしてはりましたよ。西側の柿の木を切る時なんてね、近所のおじいさんが、キセルでタバコを吸いながら見物してはるの。昔の話やけど」。

今ではバスを連ねて人が来る。二人の思いが文字どおり花を咲かせた花の寺。

「吉野川が近いでしょ、あの水蒸気がいいんだと思います。いつも花のことばかりが気にかかるんです。肥料のこと、植え替えのこと。手間はかかるけれど、花はしっかり応えてくれるから嬉しいですね。それを見に来てくれはる人がいるんですから幸せなことだと思います」。

何年か前、朝早く、六十歳すぎの男性がしっかりと牡丹の鉢を抱いて、ぜひ譲って欲しいと頼まれたことがある。話を聞くと、毎年夫婦で牡丹を見に来ていたけれど、奥さんが亡くなって、その日がちょうど百カ日。「どうしても家内に見せたい」と涙をこぼされたという。

「住職はよう来てくれはったと、その鉢を差し上げたんです。花は人を呼ぶのやなって胸を打たれました」。

別名二十日草とも呼ばれる牡丹の花期はわずか十日ほど。休む暇のない花守の手を想えばあまりに短い。床の間の牡丹もはや、黄色い花芯が見えるほどに開く。

鎧坂の上には華麗な十一面観音像がまつられる本堂が建つ。シャクナゲに導かれて歩く

室《む》生《ろう》寺《じ》の石《しゃく》楠《な》花《げ》

室生村

花期…4月下旬～5月上旬
問い合わせ先…☎0745・93・2003 室生寺

室生川にかかる赤い欄干《らんかん》の太鼓橋を渡ると女人高野室生寺。初夏、しっとりとした湿潤な大気と緑の深い息づかいの中、室生寺は薄紅のシャクナゲに包まれる。「別格本山女人高野室生寺」の大きな石柱を見ながら築地塀に沿って歩くと道は左に折れて、鎧《よろい》坂と呼ばれる石段に続く。ここから金堂を見上げるあたり、さらには石段を踏んで五重塔を見上げるあたりの眺めがもっともいい。シャクナゲの光背のようにハナズオウも濃い赤紫の花をつける。女人禁制の高野山に対して女人に門戸を開いた室生寺は、五代将軍綱吉の生母、桂昌院の帰依《きえ》があったから。救いを求めてたどりついた女人たちにとって、御仏の姿と共に、花はどれほど慰めだったことだろう。

近鉄室生口大野駅から室生・血原・辰尾橋行きバス15分、室生寺下車、徒歩5分

住所 宇陀郡室生村室生
拝観 8時～16時30分
料金 400円

※写真の五重塔は台風で被害を受ける前のもの

女人高野にふさわしい小さな五重塔にシャクナゲが色を添える

山に沿って本堂、太子堂が並び、静かな中に西国札所ならではの活気が

厄除けに訪れる善男善女を出迎える

岡《おか》寺《でら》の石《しゃ》楠《くな》花《げ》

明日香村

花期…4月下旬～5月上旬
問い合わせ先…☎0744・54・2007 岡寺

さまざまな伝説が伝えられる飛鳥、ここ岡寺には毒蛇の話がある。天智天皇の時代、毒蛇が人々を悩ませていたのを義淵《ぎえん》僧正が法力に頼み、蛇の角を持って池に投げ、阿の梵字を書いた石で蓋をして封じ込めた。岡寺を竜蓋寺《りゅうがいじ》と呼ぶゆえんという。

　西国三十三ヶ所巡礼の一つとして信仰を集める寺の境内には竜蓋池があり、杭のような岩が立っている。この下に石の蓋があって、地元の古老によると、干ばつの時は、この岩をゆすって雨乞いをしたとか。角のある蛇とは古い地主神のことで水の神。仏教伝来の頃、神より仏が強いことを主張するための類型的な話の一つだといわれている。殺さずに閉じ込め、必要に応じてお出まし願うとは、日本的なあいまいで優しい解決法。

　室生も竜が棲むといわれ、古くからの雨乞いの地。シャクナゲは乾燥に弱いから、水が豊かなところに良く育つのだろう。

住所 高市郡明日香村806
拝観 8時～17時
料金 300円

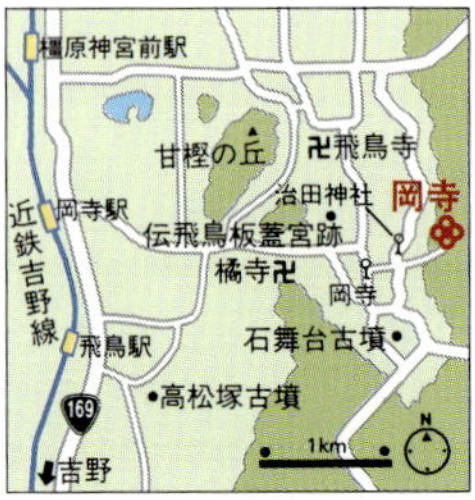

近鉄橿原神宮前駅東口から岡寺行きバス16分、終点下車、徒歩10分

日本サクラソウは古式にのっとっての段飾り

大切に育てられたサクラソウのあえかな花姿

高《たか》鴨《かも》神《じん》社《じゃ》の桜草

御所市

花期…4月下旬～5月中旬

問い合わせ先…☎0745・66・0609 高鴨神社

桜前線が大和路を駆け抜け、花を求め歩いた心にぽっと穴があく頃、まるで埋めてでもくれるかのように小さな草が桜の化身となって咲き始める。金剛葛城の山麓に深い歴史を畳み込んで鎮まる高鴨神社には、五〇〇種二二〇〇を超える日本サクラソウの鉢が並び、とりどりの形や色で春爛漫の花の宴。

風の森峠近く、うっそうと茂る老樹に囲まれた高鴨神社は、葛城王朝の基礎を築いた鴨族の氏神で、京都の上賀茂、下鴨両神社など全国の鴨社の総社にあたる。森閑とした境内にはサクラソウの季節、ヨシズ張りの展示場が作られ、「緋の袴」「吹上桜」「三保の古事」といった雅やかな品種が古式の作法のままに飾られ、その美を競う。

所在地 御所市鴨神

近鉄御所駅から五条バスセンター行きバス15分、風の森下車、徒歩15分

地図P5A-4

磐《いわ》之《の》媛命陵《ひめのみことりょう》のカキツバタ

奈良市

誇り高き皇后の広大な陵の濠をコウホネとカキツバタが彩る

花期…5月中旬〜6月上旬
問い合わせ先…☎0742·22·5200
奈良市観光協会

仁徳天皇の后、磐之媛は昔から嫉妬深く猛々《たけだけ》しい妻で、そのために不幸な人生を過ごしたと書かれてきた。果たしてそうだろうか。切々と夫を恋い慕う歌からは、単に嫉妬の炎を燃やしただけではないように思える。

朝廷の力がまだ定まっていない時代、天皇家をしのぐほどの権力と富をもつ葛城襲津彦の娘だった磐之媛は、誇り高い自我をもった女性。庇護《ひご》され守られるかわりに耐え忍び、いいなりになるという女性では決してなかったのだ。対等に愛し、愛されていたからこそ、夫の裏切りが許せなかったのだろう。天皇が最も愛したのもきっと皇后。

皇后にふさわしい壮大な規模の前方後円墳は、南面に二重の濠《ほり》をたたえ、カキツバタが凜然《りんぜん》とした姿を見せる。

住所　奈良市佐紀町

ＪＲ・近鉄奈良駅から西大寺北口行きバス15分、北法華寺町下車、徒歩10分

情熱的な愛の歌を残す磐之媛は自我に目覚めた女性でもあった　凜として咲くカキツバタがよく似合う

依《い》水《すい》園《えん》のカキツバタ

奈良市

花期…5月上旬～下旬

問い合わせ先…☎0742・22・2173　依水園

池中の石は大仏殿伽藍礎石が使われているという名庭園のカキツバタ

春日奥山に降った雨を集めて流れとする吉城川を引き入れ、東大寺南大門、若草山、高円山を借景にした奈良ならではの回遊式庭園が依水園。かつて南都の一大産業だった奈良晒《さらし》の豪商清須美家の庭園だったもので、池の中の島には東大寺大仏殿の礎石などが配置されている。

奈良に住んでいた文豪、志賀直哉は『奈良日記』に、「昨日求めた泥の炬燵に紙をはってゐる所に武者来て依水園の庭を見に行かぬかといふ」と書いている。武者とは武者小路実篤《さねあつ》のこと。深い緑の間に咲くカキツバタを文豪二人、見たのだろうか。

住所　奈良市水門町
開園　10時～16時30分、火曜休
料金　600円

近鉄奈良駅から徒歩10分

地図P6B-1

法華《ほっけ》寺《じ》のカキツバタ

奈良市

中宮寺、円照寺と共に大和三門跡尼寺の一つで、清々しい境内には名庭園がある

光明皇后が発願、総国分尼寺として建立された法華寺は、今なお門跡格の尼寺。すみずみにまで手入れが行き届き、尼寺らしく清らかで上品な感じがする。『平家物語』には、斎藤滝口時頼との恋に破れて髪を下ろした建礼門院の雑仕横笛が身を寄せたのも、ただ一人孤島に残された僧俊寛の娘が世を捨てて入ったのも法華寺と書かれている。横笛一七歳、俊寛の娘はいたいけな一二歳だったという。

京都仙洞御所の庭に一脈通じるといわれる見事な庭園にカキツバタが気品を添える。慈光殿、客殿と共に春と秋にだけ特別公開。石組み、木立、瀟洒《しょうしゃ》な建物、平家の女人が現れても不思議ではないたたずまい。

花期…5月上旬〜下旬
問い合わせ先…☎0742・33・2261 法華寺

住所 奈良市法華寺町
拝観 9時〜16時30分（10〜2月は16時）
料金 400円

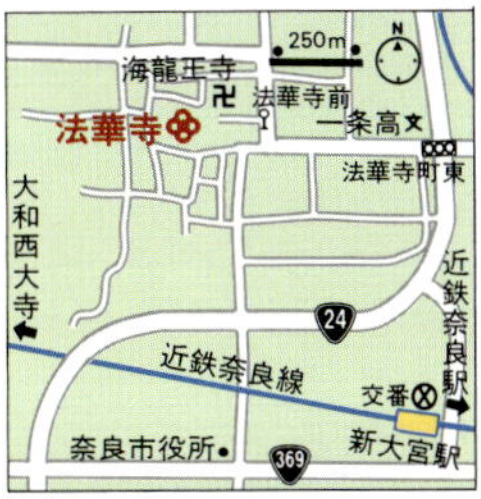

ＪＲ・近鉄奈良駅から西大寺駅北口行きバス12分、法華寺前下車すぐ

松尾寺《まつおでら》のバラ

大和郡山市

「厄除け観音」として親しまれるが、バラの花でも有名。咲き誇る花と香りが境内に満ちる

秋にも咲くが春の方が花は大きい

邪馬台国伝説が伝わる矢田丘陵の南、山の中腹にある松尾寺は日本最古の厄除け霊場として信仰を集めている。ここは養老二年（718）舎人《とねり》親王が『日本書紀』の編纂《へんさん》成就と四二歳の厄除けとを祈願して建立したと伝えられる。南北朝に建てられたという本堂を始め、三重塔や鎮守社の松尾神社などが点在する広い境内にバラ園もある。

花期…5月中旬〜6月中旬
問い合わせ先…☎0743·53·5023 松尾寺

住所　大和郡山市山田町683
拝観　9時～16時
料金　無料（大黒天300円）

近鉄郡山駅から泉台行きバス25分、松尾寺口下車、徒歩30分

香りも楽しみなバラの花

初夏の陽光をたっぷりと浴びて、絢爛《けんらん》豪華にバラの花が開くと、あたりは香りに満ちる。とりどりの色と形、甘く豊かな匂い、これでもう、厄も払えそう。

地図P4A-2

輪廻を表現したバラ園には喫茶のコーナーもある

霊《りょう》山《せん》寺《じ》のバラ

奈良市

花期…5月中旬～6月中旬、10月中旬～11月中旬
問い合わせ先…☎0742·45·0081 霊山寺

天平勝宝八年（756）、婆羅門僧僊那《せんな》と行基が開いたとも、聖武天皇の勅願で開かれたともいう古刹には、鎌倉時代の本堂と美しい三重塔や鐘楼などが残されている。奥の院への道は深山を思わせる濃い緑に囲まれているが、広大な境内には温泉やゴルフ場、レストランなどがあって寺を楽しむこともできる。

ここには京都大学農学部造園学研究室の設計によるバラ園があり、花の頃はみごとな色彩と香りがあふれる。一二〇〇坪の園内には二五〇種、二〇〇〇株ものバラが輪廻転生をあらわして咲き誇る。

花の頃に行われる法要では、バラの花びらが散華《さんげ》として撒《ま》かれる。暗い堂内にとりどりのバラの花が舞うようすは幻のように美しい。

一年の丹精が花開く

近鉄富雄駅から若草台行きバス8分、霊山寺下車すぐ

住所 奈良市中町3873
拝観 10時～16時（バラ園は朝～日没）
料金 入山500円、バラ園100円追加

スズランの自生地としてはここが南限

吐《は》山《やま》のスズラン

都祁村

花期…5月下旬~6月中旬

問い合わせ先…☎0743・82・0201　都祁村企画課

都祁《つげ》村と桜井市、榛原町にまたがる貝ヶ平山麓の北に面した急斜面にクヌギ、レンゲツツジ、クリ、コナラなどの下草としてワラビやススキと共にスズランが群生している。ここがスズランの自生南限地帯で、国の天然記念物にも指定されている。

緑の葉陰には少女の頬のふくらみにも似た小さな白い花が、うつむいてぽっとほころぶ。あたりには、控えめな甘い香りが立ちこめて、雑木の林は可憐に華やぐ。

葉陰に隠れるようにして咲く

近くの香酔《こうすい》峠は、後醍醐天皇が笠置へと落ちて行く時、このあたりに群生していたスズランの芳香に馬を止め、ひとときその香りを楽しんだという故事から名付けられたのだとか。雅を尽くし、天下の名香もほしいままだったであろう後醍醐天皇の失意の時に、素朴で甘いスズランの香りはどんな風に届いたのだろう。

適度な湿度と清冷な空気、短い日照時間という土地がスズランを育てる。移しては育たない。

近鉄榛原駅から針行きバス15分、吐山南口下車、徒歩5分

所在地　山辺郡都祁村吐山

地図P4C-2

大《おお》宇《う》陀《だ》の風《かざ》車《ぐるま》

大宇陀町

花期…5月上旬〜中旬
問い合わせ先…☎0745・83・2550
新坊辰雄

風車に似た花は、咲き始める時ほんのり薄紫がかっている

個人所有の山に珍しい自生地がある

カザグルマはテッセンやクレマチスに似た蔓性植物で、白や淡い紫の大きな美しい花をつける。たいていは観賞用として育てられるものだけれど、ここ大宇陀町には珍しい自生地があり、国の天然記念物に指定されている。かつては木々が茂り、ほの暗い山中では明かりを灯したように見え、地面を這《は》い、あるいは杉や桧にまつわりながら咲く淡い紫や白い花の姿は妖艶ですらあったという。数年前の台風で杉などの木立が倒れ、一時は絶滅かと心配された。しかし、新坊辰雄さんの考えで、「荒れているようで気になるけれど、蔦を切ったらだめになる」と手をつけなかったおかげで再び花を見せるようになった。中に入らなくても見られるようにと木で階段を作り、家族で守る。

住所　宇陀郡大宇陀町大字上片岡

近鉄榛原駅から大宇陀行きバス19分、終点下車。田原循環バスに乗り換え13分、堺垣内下車、徒歩5分

夏
Summer

6 June　7 July　8 August

率川神社ゆり祭(三枝祭)

大和《やまと》文華館《ぶんかかん》の笹百合

奈良市

花期…6月上旬～下旬
問い合わせ先…☎0742·45·0544
大和文華館

深い緑の中にササユリが夢のように咲く

自然を生かした広い庭園に囲まれた大和文華館は、国宝四点など東洋美術の名品を収集していることで知られる美術館。門を入り、ゆるやかな曲線を描く坂道を行くと、丘の上の美術館が少しずつ見えてくる。なまこ壁に虫籠窓、武家屋敷を思わせる荘重な雰囲気の建物は、中に入ると中央に吹き抜けの空間があり、孟宗竹が清々しい緑を見せて気持ちがなごむ。

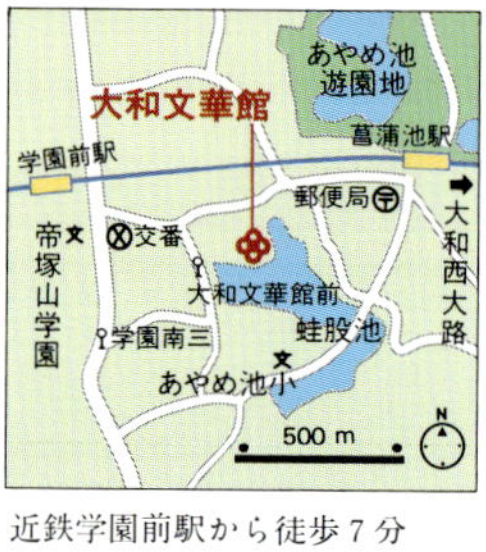

近鉄学園前駅から徒歩7分

うつむいて咲く姿はいたいけな少女のよう

松林の間には梅の小道やアジサイの小道が作られるほか、ツバキ、サザンカ、フヨウ、あざやかな緋色でキクのように花びらを重ねるキクモモ、しだれ桜など、四季を通して花が咲く。人が作り出す美と自然の美、どちらもが素晴らし

い。
　ことに、人里離れた山の中でも探し出せなくなったササユリが、可憐な姿を見せているのには驚いた。松林の下草の笹からふっと顔を出して咲くササユリは、恥じらう乙女にも似て、ほんのり紅をさす。絶好の地に所を得て咲いているとは、奇跡にも思えて嬉しかった。気品があって可憐、東洋美術に一脈通じるような気がするのだが。

住所　奈良市学園南1-11-6
入場　10時～16時、月曜休
料金　600円

地図P4A-1

諸行無常のこと

　高校生の頃だったか、明日は古典のテストという夜、教科書を開いていると、母が古典はいいねと言って「祇園精舎の鐘の声、諸行無常の響きあり、沙羅双樹の花の色、盛者必衰のことわりをあらわす。奢れる者は久しからず、ただ春の夜の夢のごとし…」と変な調子をつけて暗唱してみせた。そして「昔の女学校ではこうやって覚えさせられたんだから。こういうものは声に出して何度も読んで覚えるのが一番よ」という。「そんな悠長なことしてる暇はないの。テストは明日の1時間目なんだから。それに『平家物語』は暗くてきらいよ。諸行無常で結局は何やっても無駄よって言われてるみたい。死んだり、殺されたり、流されたりするし。夢多き乙女にはやっぱり恋物語よ、胸をときめかせるようなね。ところで、沙羅双樹ってどんな木?」と尋ねると、「うちで何度植えても枯れるナツツバキのことよ」と言う。「ふうん、庭にまで諸行無常なんかなくてもいいじゃない。もっとぱーっと華やかなバラとかカトレアとかにしてよ」。随分昔の母と娘の会話。

　奈良に住むようになって、歴史や文学の故地を歩くとその時代の風や匂いが感じられておもしろかった。嫌いだった『平家物語』も南都炎上などはリアルな表現で、当時の人にとって琵琶法師は現地リポーター、ドキュメントタッチの話に耳をそばだてていたのだろうと思うと興味深く読めた。法華寺には斎藤滝口時頼との恋に破れた女官横笛が身を寄せ、時頼からの恋文で作ったという紙の像が残されている。一途な恋心を捧げる横笛と出家する時頼。かなわぬ恋と知って横笛もまた法華寺で剃髪した。

　軍記物だと思っていた『平家物語』には珠玉のような恋物語がちりばめられていて、世の無常を一層きわだたせ、深め、物語全体の大きな魅力となっている。胸も十分にときめかせてくれる。時代の波にのまれ、横暴な男たちに翻弄されながら自分の生きる道を見つけていく女たちの心模様が美しい。祇王、祇女、仏御前、小督局、横笛などという女人の名付けも物語にふさわしい。教科書にもこんな恋の物語を載せてくれたら興味を持ち、もっと熱心に勉強しただろうにと思われてならない。

　沙羅双樹は菩提樹、無憂樹と共に三大聖樹。釈迦が涅槃に入った時、その四方に二本ずつこの木が生えていたから双樹で、沙羅はサンスクリット語のシャーラ、堅固な樹の意味という。日本で植えられているのはインドでいうフタバガキ科の沙羅双樹とは違い、ツバキ科のナツツバキ。本物の沙羅双樹は知らないけれど、ナツツバキは、あえかな白い花を溜め息のように咲かせる。今度、小さな庭に諸行無常、植えてみようか。

矢《や》田《た》寺《でら》の沙《さ》羅《ら》双《そう》樹《じゅう》

大和郡山市

はかないもののたとえどおり、諸行無常に咲いて散る

市街地に近いにもかかわらず、豊かな自然と静寂にめぐまれた矢田丘陵。その中腹に建つ矢田寺はお地蔵さんとアジサイの寺として広く知られている。山門からは木立に囲まれた長い石段が続く。新緑が濃さを増し、六月の雨に濡れる頃、ここを上ると水滴の一つ一つが緑に染まっているように思える。上りつめると塔頭の白壁が見え、その一つが大門坊。

サラソウジュはここにひっそりと咲いている。アジサイを求めて訪れても、この木に目を止める人は案外少ない。かえって風情が損われなくて良いのかも知れない。

ツバキに似て、花首がぽとりと落ち、地面を荘厳《そうごん》する。

花期…6月中旬～7月上旬
問い合わせ先…☎0743・53・1445 矢田寺大門坊

住所 大和郡山市矢田町3549
拝観 9時～16時30分
料金 400円（アジサイの頃のみ）

近鉄郡山駅から矢田寺前行きバス20分、終点下車、徒歩10分

慈《じ》光《こう》院《いん》のサツキ

大和郡山市

茶人好みの侘びた寺ではサツキの大刈り込みが見事

緑濃い木立に石を敷いた坂道が続き、片桐且元《かたぎりかつもと》の居城だった茨城城楼門から移した茅葺きの門に着く。その奥には、入母屋造で広い縁側をめぐらせたのびやかな書院が見える。

花期…6月上旬～中旬
問い合わせ先…☎0743·53·3004 慈光院

寺というより、大名茶人好みの侘びた中に豪快な雰囲気のあるたたずまい。この書院から見る庭園が素晴しい。大胆な大刈り込みの向こうには大和盆地の大借景が広がり、目を奪う。枯山水の庭園は石組みを置かず、白砂にこの刈り込みだけという明快さ。常には緑と白の対比をみせる庭園が、花の頃には華麗に彩色される。石州流茶道の祖、片桐石州が開いた寺だけに拝観すると抹茶の接待があり、庭を眺めながらの一服が落ち着く。

住所 大和郡山市小泉町８６５
拝観 ８時30分～17時
料金 １０００円（抹茶付）

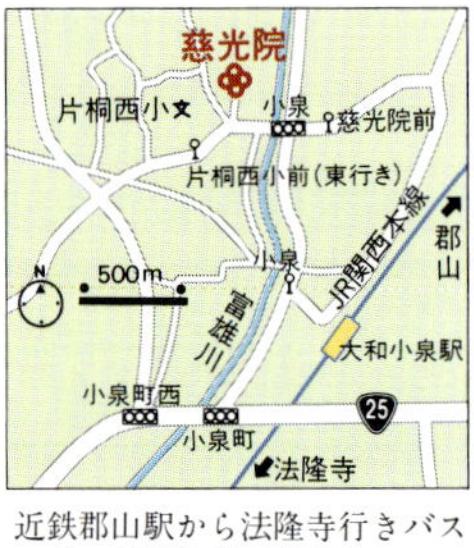

近鉄郡山駅から法隆寺行きバス15分、慈光院前下車すぐ

地図P4A-2

オレンジ色の鮮やかな花が若狭井あたりまでを彩る

ザクロが二月堂の下で咲く

東大寺《とうだいじ》二月堂《にがつどう》のザクロ

奈良市

花期…6月上旬〜下旬
問い合わせ先…☎0742・22・5511 東大寺

寒中、春を呼ぶお水取りの行法で赤い火の粉が舞った二月堂には夏、ザクロの赤い花が咲く。二月堂の下、参籠所の近くにある鬼子母神の小さなお堂では、緑の葉とオレンジ色の花が鮮やかな対比をみせる。

鬼子母神は、求児、安産、育児など子供を守る端麗な神で、懐《ふところ》に子供を抱き、片手にはザクロの実を持っているけれども、これは、仏の戒《いまし》めから。それまでは他人の子を取って食べるという鬼だった。鬼子母神は極端としても、我が子可愛さからエゴに陥るというのは、ありがちなこと。美しくもなり、醜くもなる母心。ザクロは強烈な色で注意を促しているのかも知れない。ザクロの実にしても宝石のようでいて、決して甘くはない。

住所　奈良市雑司町

近鉄奈良駅から徒歩20分

地図P6B-1

不《ふ》退《たい》寺《じ》の黄菖蒲

奈良市

梅雨の空は重く暗い。いつ止むともなく降り続く雨と湿気には気持ちも沈んでしまいそうになる。でも、この湿潤な気候があってこそ、秋の豊かな実りにもつながっていく。そんな季節にキショウブの花は明かりを灯すかのように咲き群れる。

『伊勢物語』九段には〝かきつばた〟という五文字を句の頭に据《す》えて旅の心を詠むという有名な歌がある。在原業平《ありわらのなりひら》ゆかりの寺の池には、キショウブが訪れる人の目を楽しませてくれる。業平がこの花を見たら、どう詠むのだろうか。ヨーロッパ原産のこの花は、カキツバタよりずっと明るく、陰影もないから、都を想って泣くよりは、旅の喜びを歌うほうが似合いそう。

花期…5月中旬～6月中旬
問い合わせ先…☎0742・22・5278 不退寺

住所 奈良市法蓮町517
拝観 9時～17時
料金 400円

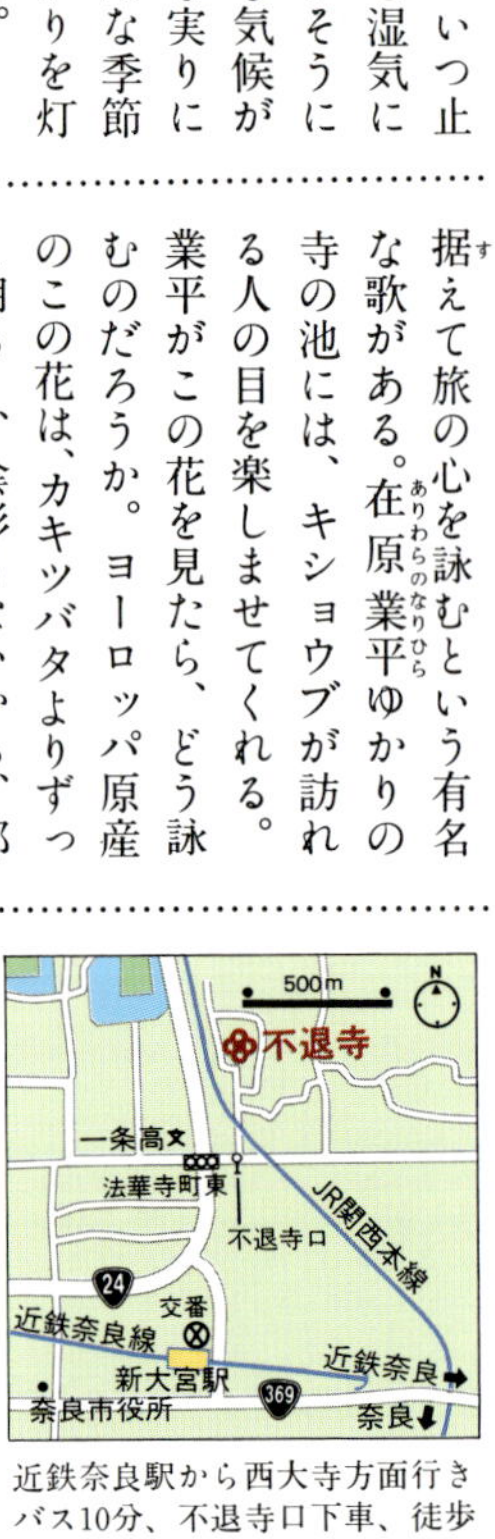

近鉄奈良駅から西大寺方面行きバス10分、不退寺口下車、徒歩5分

アヤメの仲間では珍しい色のキショウブ

地図P6A-3

ハナショウブを基本に、彩の合うアジサイやテッセンを植え、池にはスイレンも美しい

滝《たき》谷《たに》花《はな》しょうぶ園《えん》の花菖蒲

室生村

花期…6月上旬〜7月上旬
問い合わせ先…☎0745・92・3187
滝谷花しょうぶ園

すっかり花の名所となり、花の頃にはバスが連なるほどだが、以前は水田だった。敏腕の商社マンだった日下志《ひがし》務さんが会社を辞め、花に取り組んだのが昭和五十九年のこと。当時、いたる所で住宅開発が進み、環境が変わっていた。この村で育った日下志さんは仲間に呼びかけてハナショウブ園作りに取り組んだ。「ハナショウブは水辺の花だし、ここはもともと水田だから水はあるし、土地も肥えていてきっと手間もかからないだろう」と、この花を選んだのだという。まもなく、とんでもない間違いだったと気がついた。

「最初は簡単に咲いたんですよ、きれいな花が。ところがこれは連作できないんです。開園したら、毎年同じ場所に美しい花を咲かせないといけないでしょ、土づくりから始めたんです。肥料も要ります。土のことを考え

広い園内には肥後系を中心にさまざまなハナショウブが花を咲かせる

ると、やはり有機肥料がいいんですね。家内と二人で全国のしょうぶ園を見て歩きました」。

　ハナショウブは「花が終わった後が苗を養生せなあかんので一番忙しい」のだとか。

　計画は綿密でなく場当たり的に「鉛筆なめながら」進めてきた。だからこそ柔軟に対応することができたという。八橋、道、池、レストハウスも作り、整備を進めてきた。

「土地や資金を提供してくれた仲間が、米作りより良かったと思ってほしいです」。

　見事な花は、熱い思いと一瞬を惜しんで働く手があればこそ。

住所　宇陀郡室生村滝谷365
開園　9時〜17時
料金　735円

近鉄三本松駅から臨時バス６分、または徒歩25分

剣豪の里に咲くとハナショウブも男性的な花に見える

柳生《やぎゅう》の里《さと》花《はな》しょうぶ園《えん》の花菖蒲 奈良市

花期…6月上旬〜7月上旬
問い合わせ先…☎0742・94・0858 柳生の里花しょうぶ園

徳川三〇〇年の太平は柳生新陰流の「生かす剣」がその基礎になったともいわれている。柳生但馬守宗矩《むねのり》の生涯を描いた山岡荘八の小説『春の坂道』がTVドラマ化された時、大変なブームとなって観光客が押しかけた。地酒の名前にもなっている。今は、かつての静かで季節感のある美しい里として、訪れる人を優しく包み込んでくれる。

新陰流の創始者石舟斎《せきしゅうさい》や宗矩、十兵衛といった柳生一族が眠る芳徳寺から坂を下りると、十兵衛が一万人の弟子を鍛えたという正木坂道場、そこからさらに下ったところが花しょうぶ園。六二品種、一一万株以上のハナショウブが花を開く。女性的な淡いピンクの花よりも濃い紫の颯爽《さっそう》とした花のほうが、剣豪の里にはよく似合う。

近鉄奈良駅から柳生・邑地中村行きバス50分、柳生下車、徒歩10分

住所 奈良市柳生町403
開園 9時〜17時
料金 600円

舞楽演奏が行われる浮舞台の赤い欄干とスイレンの花の対比が美しい

スイレンの花を見るなら午前中に。午後からは閉じてしまう

万《まん》葉《よう》植《しょく》物《ぶつ》園《えん》の水蓮

奈良市

花期…6月上旬～7月下旬
問い合わせ先…☎0742・22・7788 万葉植物園

春日大社境内にある植物園には万葉集にちなむ植物がほとんど植えられている。万葉集四五一六首のうち、約三分の一にあたる歌に植物が歌い込まれ、その種類は約一七〇種にもなる。現代の植物にはっきり置き換えられないものもあり、ここでは三〇〇品種以上、しかも一つの植物に数種のものもあるので一〇〇〇を超す種類があるという。

例えば三月の椿園では一〇〇種三〇〇本が咲き、四月の藤園なら二〇品種二〇〇本以上が五月中旬まで咲き継ぐという具合。十月から春まで咲き続ける十月桜や、ハナショウブの原種といった珍しい植物があるのも特徴。万葉集には出てこないけれど、六～七月の朝、池ではスイレンが咲く。

住所 奈良市春日野町160
開園 9時～16時、月曜休（1、4、5、6、10、11月は無休）
料金 525円

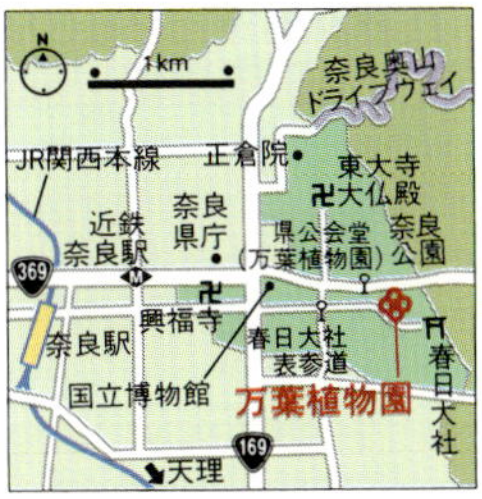

近鉄奈良駅から市内循環バス5分、春日大社表参道下車、徒歩5分

矢《や》田《た》寺《でら》の紫陽花《あじさい》

大和郡山市

花期…6月上旬〜7月上旬
問い合わせ先…☎0743・53・1445
矢田寺大門坊

境内の風景に最も合うアジサイが植えられている

矢田寺への長い石段が延々と続く。上りながら振り向くと奈良の市街地が眼下に広がる。上るにつれて眺望が開けてくるから、後ろ向きに上りたいくらい。

石仏と赤いよだれかけ、アジサイの雨色がつくる情景

丘陵に広がる広い境内には、いたるところにアジサイが植えられ、雨をくぐるたびに蕾みがふくらみ、七色を操る。この庭は、古武士の風貌の高名な庭師古川三盛さんが手がけるもので、おおらかなのに隙《すき》が無く、不思議なやすらぎがある。無作為の作為というのだろうか。

〝矢田の地蔵さん〟として信仰を集めてきただけに、アジサイの花かげにも石仏が立ち、雨に濡れた赤いよだれかけを張りつかせているのも風情がある。

大門坊、北僧坊、南僧坊、念仏院の各塔頭では、それぞれにあじさい弁当やあじさい御膳、精進料理などと趣向を凝らした味が楽しめる。

住所 大和郡山市矢田町3549
拝観 9時〜16時30分
料金 400円（アジサイの頃のみ）

近鉄郡山駅から矢田寺前行きバス20分、終点下車、徒歩10分

大ぶり、小ぶり、赤系、青系などさまざまなアジサイが雨の季節を彩る

広い芝生を縁どるように水色のアジサイが咲く

馬見《うまみ》丘陵公園《きゅうりょうこうえん》の紫陽花《あじさい》

河合町

花期…6月下旬～7月上旬

問い合わせ先…☎0745・56・3851　馬見丘陵公園管理事務所

北葛城郡の広陵町と河合町にわたる丘陵には古墳が点在し、それを囲むように広がるのがこの公園。南から北へと傾斜する丘陵には侵食による谷がいくつもあって、その谷間には多くの小さな池が水をたたえる。この自然の地形を生かしながら造られた公園が、平成三年に開園した。比較的新しく、現在進行形でこれからますます広げられ、充実していく予定という。季節毎の花が咲く公園は人々の憩いの場として親しまれている。

北エリアは広場などがあって、子供を連れた家族連れで賑わい、中央エリアは花をめぐっての散策にぴったり。四季にさまざまな花が咲くが、六月中旬から下旬のハナショウブ園は人気があり、多くの人が訪れる。ハナショウブが終わるとアジサイ。雨の色を花に映して、美しく咲く花を見ると梅雨もいいかなと思う。

ＪＲ法隆寺駅から高田駅行きバス17分、佐味田下車、徒歩10分

住所　北葛城郡河合町佐味田２２０２

久米《くめ》寺《でら》の紫陽花《あじさい》

橿原市

久米仙人ゆかりの寺は、奈良時代の大きな礎石の上に多宝塔が立ち、アジサイが彩りを添える

大和の久米《くめ》という人は、吉野の竜門山にこもって修行をし、仙人となって空を飛んでいたが、吉野川で衣を洗っていた女の白いふくらはぎを見て心を動かしたために、神通力を失い落下してしまった。この話は『今昔物語』などにも出てきて、あまりにも有名。その久米の仙人が開いたとも聖徳太子の弟、来目皇《くめのみ》子《こ》が創建したとも伝えられる寺には、大きな礎石や心礎が残っており、かつては壮大な寺院だったことがしのばれる。

日ごろはひっそりと落ち着ついたたずまいだけれど、ツツジの頃には二十五菩薩練供養、久米会式があり多くの人で賑わう。ツツジの後には雨中のアジサイが七色に咲く。

花期…6月上旬～7月上旬
問い合わせ先…☎0744·27·2470 久米寺

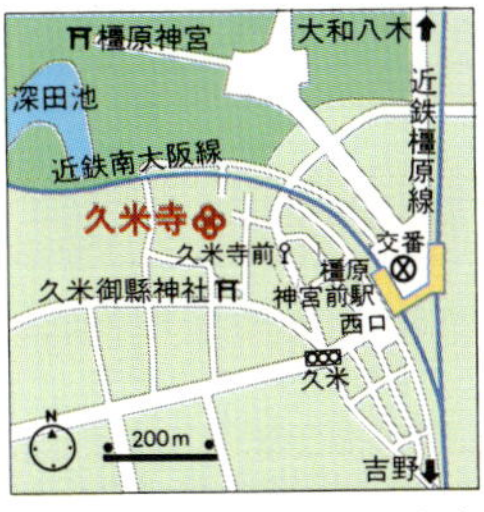

近鉄橿原神宮前駅西口から徒歩5分

住所 橿原市久米町502
拝観 8時～17時
料金 400円

大乗寺《だいじょうじ》の山百合

下市町

花期…7月中旬～下旬
問い合わせ先…☎0747・52・6416　大乗寺

一つの茎に10以上もの花をつける

下市町から天《てん》川《かわ》への道を途中でそれて仔邑《よむら》へと向かう。人家もまばらになった山の急斜面を背負って大乗寺はヤマユリの香りの中。川をはさんだ道路にも香りは漂っていて、近づくにつれていっそう濃くなってくる。境内の右手、崖のような斜面に白いヤマユリが見える。一つの茎から一〇ほども花をつけているのもあるが、その花の大きいのには驚くばかり。すべて自生のものという。なんという大らかな野生の咲きぶり。

この寺を守る住職夫妻の人柄も花のような大らかさ。「昔からここにはユリが多かったんだけど、少なくなりました。猪がユリの根を食べるんやけど、この崖にはよう来んのでしょう」。

春にはこの崖を覆い尽くしてしだれ桜が咲き、住職の手仕事でライトアップされるという。山寺の四季は悠々として朗らか。

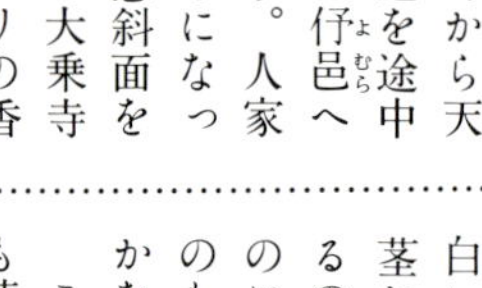

近鉄下市口駅から洞川方面行きバス10分、岩森下車、徒歩30分

住所　吉野郡下市町仔邑905

寺の急斜面に自生するヤマユリ。境内も庫裡もユリの香りが満ちる

元《がん》興《ごう》寺《じ》のハルシャギク

奈良市

孔雀の尾羽根の斑紋を見立てたクジャクソウやジャノメソウなどの別名もあるハルシャギク

重そうな瓦屋根、格子戸《こうしど》、虫籠窓、上げ床几《しょうぎ》、軒先には身代わり猿の縫いぐるみ。古い町並が残る奈良町は、民の祈りが暮らしに息づき、訪れる人をほっこりと包む。この奈良町のほとんどはかつての元興寺境内だった。

大伽藍を誇り、学問所として南都仏教をリードしていた元興寺が衰退していく過程で町ができていったのだという。町名に新という字がつく場合があり、境内に新しくできたという意味だが、それから五〇〇年経つ。五〇〇年を新という奈良の歴史の深さの一端。昔日をしのぶのは五重塔跡の礎石と基壇だけの元興寺塔跡。夏にはコスモスに似たハルシャギクが黄色の花を咲かせる。

花期…7月上旬〜中旬
問い合わせ先…☎0742・22・5218 元興寺

住所 奈良市芝新屋町
拝観 自由
料金 無料

近鉄奈良駅から徒歩18分

泥水の中から清廉無垢な花が開く

お盆にはハスの葉を檀家に分ける

十《じゅう》輪《りん》院《いん》の蓮

奈良市

南門を入ると正面にドイツの建築家ブルーノ・タウトが称賛したという本堂が見える。蔀戸《しとみど》や格子、ゆるやかに流れる屋根がいかにも優雅で貴族の館を思わせる。床や軒《のき》も低く、しっとりとしたたたずまいは女性的。

この寺の本尊は巨大な花崗岩を切り出して、仏像と厨子とを一体に彫った石仏龕《がん》で珍しいものだという。龕の正面にある引導石は柩《ひつぎ》を安置した所で、地蔵信仰による葬送儀礼が行われていたとか。

桜やハギなど季節毎に咲く花が美しいこの寺では、ハスの花も見事に咲き競う。お盆の頃、檀家の人はこのハスの葉をいただいて帰り、野菜や果物を乗せて仏壇に供えて先祖を迎える。ハス池の周囲には、寺を開いたという伝説の高僧、魚養《なかい》の塚や石仏が並ぶ。ハスの花をめでながらゆっくり味わいたい寺。

花期…7月中旬〜8月中旬
問い合わせ先…☎0742・26・6635 十輪院

住所 奈良市十輪院町27
拝観 9時〜16時30分
料金 300円

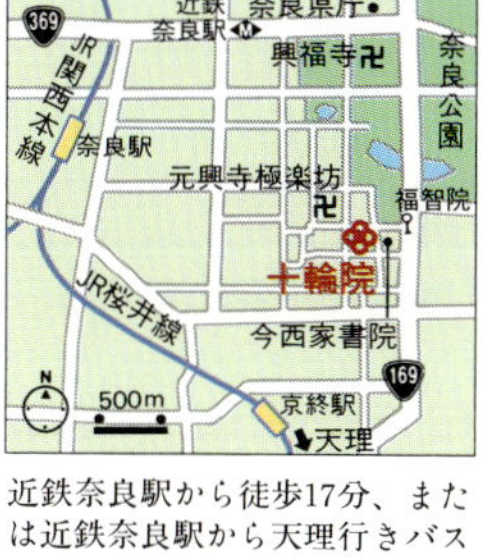

近鉄奈良駅から徒歩17分、または近鉄奈良駅から天理行きバス5分、福智院下車すぐ

地図P6C-2

蓮華と蓮華草

思い込みとはおかしなもので、どんな奇妙なことでも一度自分流に理解してしまうと間違ったまま訂正するチャンスが来るまで放置してしまう。私の場合は蓮。童謡「ひーらいた、ひーらいた、蓮華のはーながひーらいた」の蓮華をレンゲソウのことだとすっかり思いこんでしまっていた、つい最近まで。

ふとした事から、新聞掲載する写真撮影のために品物選びをするからと誘われた。東洋美術のコレクションで知られる奈良市学園前の大和文華館がその場所。図録を見ながら、何点か候補を上げ、絞っていくのだが、どうしても一つ、青磁の瓶が気になってしまった。カラー写真だから、華やかな色目のものを選んでいたので、地味なこの瓶は当然選外。

最終的に残った数点を収蔵庫から出して比べることになった時、思い切ってこの瓶も見せてほしいと頼んでみた。箱から出され、布を解かれて現れたのは見事な形と文様の青磁で心に染みた。

「青磁刻花蓮唐草文瓶」。十二世紀に中国・華北の耀州窯で作られたものだという。リズミカルで華麗な蓮唐草の文様が片切彫りされたきめ細かな陶肌には、青磁釉が流れ、あるいは溜まる。釉薬のかかり具合でさらに際立つ文様の動き。火と土のはげしいせめぎ合いの中から生まれた青磁の瓶は何と冷たく、透明感があるのだろう。

いつもならガラスの向こうにしか見られないものを間近に、しかも手に触れることさえできるとは。誘ってくれた友人に感謝しつつ瓶を戻した。

作品選定は難航し、結局は色目のものよりモノトーン調の方が目を引くかも知れないという編集者の意見で、何と選外だったこの青磁が使われることになった。思いのほかの展開だったが、ともあれ幸せなひとときを過ごした。

そして、しばらく蓮の話になっていった。インドでは葉をうちわにしたり裏面につめで文字を書く紙のかわりに、また、発熱した体に巻く湿布にも使ったのだという。古代エジプトでは生命と再生の象徴と見られ、ミイラに飾ったり航海へ出る船や葬儀の献花でもあったことなど、聞いているだけで楽しかった。蓮華衣、蓮華文、蓮華座、蓮華往生などの言葉もとびかって話は盛り上った。この時、突然、童謡「ひーらいた、ひーらいた」の蓮華が蓮だと気づいた。子供の頃から不思議だった「ひらいたと思ったらいつの間にかつぼんだ」という蓮華の謎も解けた。子供のころ、レンゲソウがつぼむのを今か今かと待った身には目から鱗の発見だった。おろかな思い違いがこんなところで一件落着。おかしくて笑いがこみあげたが、恥ずかしいのでごまかした。青磁瓶の載った新聞は手元に取っている。

鑑真和上がハスの実を持って来日して以来、さまざまなハスが育てられてきた

唐《とう》招《しょう》提《だい》寺《じ》の蓮

奈良市

花期…7月中旬～8月中旬
問い合わせ先…☎0742・33・7900　唐招提寺

　ハスは食用に、祈りの場にと古代から人々の暮らしの中で生きてきた。正倉院の御物にも文様として数多く残り、万葉集にもハチスの名で詠まれている。ハスの呼び名は花托が蜂の巣に似ているところから。仏教ではこの部分を仏の台座に見立てる。

　唐招提寺とハスとのつながりは古く、鑑真和上が青蓮の実を持って来日したことに始まる。以来、数多くの種類のハスが育てられ、見事な花を咲かせる。

　一九五一年、故大賀《おおが》一郎博士が千葉県検見川の土中から見つけた二〇〇〇年前のハスの実を発芽させ、開花させたことで話題になった「大賀蓮《おおがはす》」や、門外不出の「孫文蓮《そんぶんれん》」、花弁の数が特殊な「奈良蓮《ならはす》」など、愛蓮家には憧れの品種も多い。厳しい律宗の寺の見事な華やぎ。

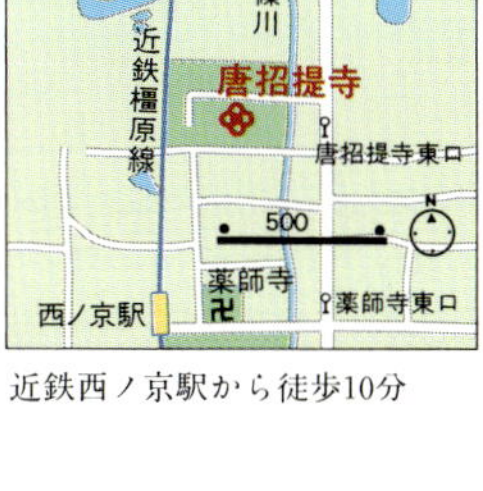

近鉄西ノ京駅から徒歩10分

住所　奈良市五条町13-46
拝観　8時30分～17時
料金　600円（4月1日より）

東大寺《とうだいじ》の百日紅

奈良市

花期…8月上旬〜下旬
問い合わせ先…☎0742・22・5511 東大寺

盆地特有の暑い夏に、サルスベリの赤い花が咲き続ける

真夏の太陽の下でしおれることもなく三ヶ月ほども咲き続けるサルスベリ。百日も紅色を保つから百日紅《ひゃくじつこう》とも呼ばれる。樹皮は磨いたようになめらかで、木登りが得意なサルでも滑るだろうとこの名がついた。

紅色の花は細かなフリルをつけた華やかな雰囲気。

奈良公園にはサルスベリが多く、夏の花の少ない季節をあざやかに彩る。東大寺大仏殿の東、手向山八幡への山側に大きなサルスベリがあり、たっぷりとした花容を見せる。まぶしい夏の陽に鴟尾《しび》は金色に輝き、大屋根は黒く波うち、サルスベリは紅く燃える。涼風が立ち始めると急に色が褪《あ》せるサルスベリ、最も暑い時が一番の見頃。

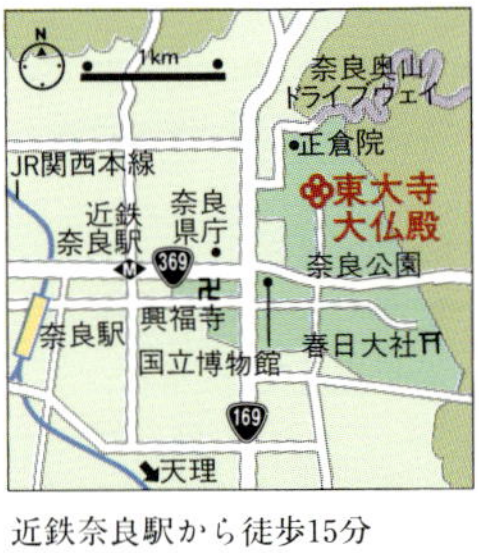

近鉄奈良駅から徒歩15分

住所 奈良市雑司町406-1
拝観 境内自由(大仏殿は7時30分〜17時30分、10月は17時まで、11月〜2月は8時〜16時30分、3月は8時〜17時)
料金 大仏殿400円

地図P6B-1

静かな尼寺にふさわしく、純白のムクゲが参道を清めて咲く

興《こん》福《ぶ》院《いん》の木《む》槿《くげ》

奈良市

花期…8月上旬～下旬

問い合わせ先…☎0742・22・2890 興福院

佐保山を背景にする興福院は、いつ訪れてもつつましやかで静かなたたずまいを見せる。手入れが行き届き、塵《ちり》ひとつなく掃き清められた境内は、いかにも尼寺という雰囲気。

奈良茶人として知られる久保長闇《ちょうあん》ゆかりの茶室や、小堀遠州の作という庭園があり、品の良い寺観に趣を添える。

山門にいたるまでののどかな参道では、春には桜、秋には紅葉が楽しめるが、たけてゆく夏には日差しに耐えて白いムクゲが咲く。その清浄な花の姿は興福院にこそよく似合う。

万葉の時代、アサガオといえばムクゲをさしていたともいわれる。そして、このあたりは万葉人も散策し、数々の歌にも詠んだ。佐保路には、時を止めたような所がまだ残る。

近鉄奈良駅から西大寺方面行きバス6分、佐保小学校前下車、徒歩3分

住所 奈良市法蓮町881
拝観 9時～11時（12月～2月は非公開）
料金 300円（要予約）

地図P6A-2

吉祥寺《きっしょうじ》のモミジアオイ

五條市

真夏の太陽を受けて燃えるように咲くモミジアオイ

弘法大師が高野山を開く時、鬼門よけの寺として建立したと伝えられる吉祥寺。水に恵まれない山で、弘法大師は水の代わりに柴で身を清めたという。その柴を投げ、そこに柴の木が育てば寺が成就するとの願を立てた。今、柴木山という山号通りに柴の木はしっかり根付き、育っている。

　戦後、桧と松だけの境内に少しずつ花を育て、春は桜、ツツジ、秋は紅葉と季節毎に花が咲くようにと手と心を尽くしてきた。ことに真夏、花の少ない時期に咲くモミジアオイは、濃い緑の境内にあざやかな赤い花で目を奪う。

「笹が覆っていた境内を刈っては燃やし、根を絶やして花を育てたの」という住職夫人の言葉を訪れる度に思い出す。

花期…8月上旬～9月中旬

問い合わせ先…☎07472·2·0332
吉祥寺

住所　五條市丹原914

ＪＲ五条駅から十津川行きバス12分、丹原下車、徒歩10分

地図P5A-5

菩提山川のほとりに愛らしいキツネノカミソリが咲く

ヒガンバナの一種

正《しょう》暦《りゃく》寺《じ》のキツネノカミソリ

奈良市

花期…8月上旬
問い合わせ先…☎0742・62・9569 正暦寺

以前、山沿いの土手に夏草と競り合って咲くオレンジ色の花を見かけた。近づいてよく見ると三〇㌢位の背丈で、調べると「キツネノカミソリ」だった。同じ花が正暦寺にも咲く。清らかなせせらぎの音が、暑さまで流してくれそうな菩提山川の土手に群れて咲き、あざやかな色で目を引く。深山幽谷の趣がある正暦寺は、新緑、紅葉はもちろん、フクジュソウ、サクラ、クリンソウなど季節毎の花が美しい。春先にのび始める白みがかった葉をキツネのかみそりに見立てた名前という。最近心無い人によって株が持ち去られ、寺の人は手を尽くして残った株を守っている。自然の花のもろさを思いたい。

住所 奈良市菩提山町157
拝観 境内自由（客殿拝観は9時〜17時）
料金 客殿400円

近鉄奈良駅から米谷町行きバス25分、柳茶屋下車、徒歩30分

元《がん》興《ごう》寺《じ》極《ごく》楽《らく》坊《ぼう》の桔《き》梗《きょう》

奈良市

花期…7月中旬~8月中旬
問い合わせ先…☎0742・23・1377 元興寺極楽坊

石仏の供花のようにキキョウが咲く

大伽藍を誇っていた元興寺は、流転する歴史の中で、官から民の祈りへと信仰の有様《ありよう》を変えてきた。広大な境内の中にできた町では、土中から御仏がおでましされる事も度々だったらしく、そんな時は町で大切に祀ってきた。

道路や川、個人の家の敷地から出てきた石仏はたいていは元興寺に寄せられてきたという。祈りの中心はやはり元興寺。そんな石仏はここに並べられ、季節の花が取り囲む。毎年八月二三日に行われる地蔵会の頃なら、紫色のいかにも涼やかなキキョウが石仏たちに寄り添って咲く。この日は浴衣を着せてもらった子供たちをはじめ、町内から多くの人が集まって賑わう。夕風に揺れる姿は幻想的。

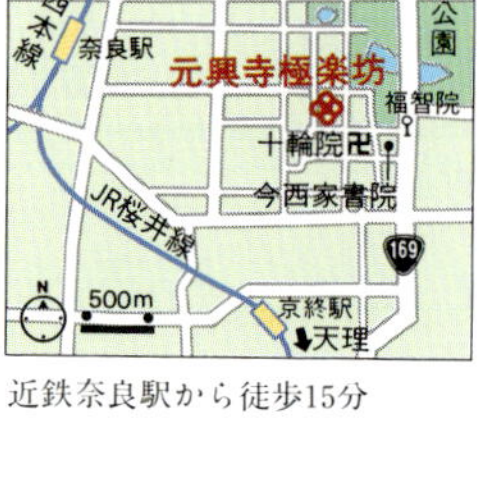

近鉄奈良駅から徒歩15分

住所 奈良市中院町11
拝観 9時~17時
料金 400円

石仏たちがキキョウの紫色で包まれる。奈良町で出てきた石仏は、たいていここに集められてきたという

円成寺《えんじょうじ》の桔梗《ききょう》

奈良市

花期…8月上旬〜下旬
問い合わせ先…☎0742·93·0353　円成寺

静かな境内にはキキョウの楚々とした姿が似合う

円成寺は柳生《やぎゅう》街道随一の古刹。いかにも都人好みの典雅な舟遊式庭園を前にして、静なたたずまいを見せる。急な石段を上り、軽やかな感じがする楼門をくぐると本堂、多宝塔、鎮守社などがあり、多宝塔には名仏師として知られる運慶の手になる大日如来坐像がある。才能がいっきに花開こうとする運慶二〇歳の作はみずみずしい力にあふれる。

田畑住職は墨染の衣を着ていつも本堂の端に座る。尋ねると梵語のこと、仏像のことなど気さくに教えてくださる。「寺の受付と思うて住職はいるかと偉そうに聞く人もいる。ここにいると世の中がよう見える」という。

キキョウはそんな住職のたたずまいに似てつつましやかながら毅然と咲く。

ＪＲ・近鉄奈良駅から柳生・月ヶ瀬行きバス30分、忍辱山下車すぐ

住所　奈良市忍辱山町１２７３
拝観　9時〜17時
料金　４００円

秋

Autumn

9 *September*　10 *October*　11 *November*

談山神社けまり祭

平《へい》城《じょう》宮《きゅう》跡《せき》の萩

奈良市

秋、ハギの咲く広い宮跡からは若草山、春日山が見渡せる

花期…9月上旬～下旬
問い合わせ先…☎0742・22・5220
奈良市観光協会

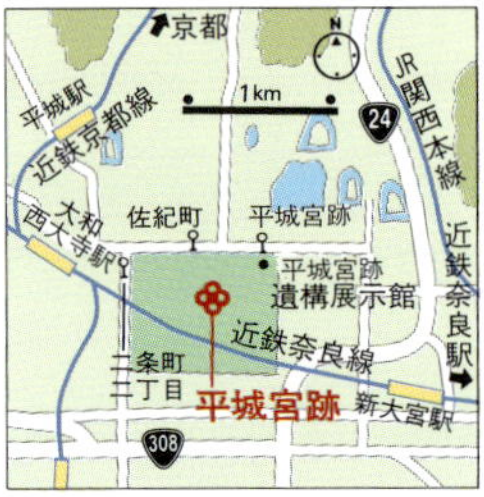

近鉄奈良駅から西大寺北口行きバス15分、平城宮跡下車すぐ

平城宮の跡に立つと、茫漠《ぼうばく》たる思いにかられる。七代七四年間にわたる都の夢の跡。西に生駒山、二上山、東に若草山、春日山、大仏殿の屋根も見える。「匂ふがごとく今さかりなり」と歌われた奈良の都はどんなふうに栄えていたのだろうか。

地面の下からは大量の木簡《もっかん》を始め、瓦や土師器などの土器類、金属製品、銅銭など、おびただしい発掘物が出土し、今もその発掘は進められている。貴族たちの豊かな食生活、下級役人の苛酷《かこく》な勤務のこと、酒の醸造所があったことなどもわかった。大きな井戸枠も発掘され、井戸

の底からは女官が捨てたと思われる呪《のろ》いの人形も出てきた。「あおによし奈良」の光と影。平城宮跡の指定区域に近い場所でホールを建設する時は曲水の庭園が、百貨店建設の時は長屋王邸宅跡が発掘された。発掘が進むとわかることも多いが、さらに新たな疑問も呼び起こす。広い宮跡は数多の謎を抱え込んで、千年の夢のまどろみの中。

大極殿《だいごくでん》正面には朱雀門《すざくもん》が復元工事中。築地塀も数ヶ所にできた。それでもなお広い原っぱは春には梅や桜、秋にはハギやススキが彩を添える。古の宮跡にはハギがよく映える。

所在地 奈良市佐紀町

歩いていると匂いでわかるキンモクセイ

地図P6B-3

白毫寺《びゃくごうじ》の萩

奈良市

古い石段をおおうようにハギが咲きこぼれる

白毫寺の寂然とした雰囲気を最も際立《きわだ》たせるのは秋。それもハギの花が咲く頃。古さびた石段を隠そうとでもするかのように、両脇からおおいかぶさる枝は風に揺れ、たわむ。存分に延ばした枝いっぱいに白や紅紫の小さな花をつけ、通る人に触れてはらはらと散る。石段には惜しげなく散り敷いた花模様があわれにも美しい。

花に気を取られながら石段を上りきり、振り向くと眼下に奈良の町が広がる。この寺が存外高いところにあると気づく時。天候に恵まれると、二上山や葛城連峰までも見える。志貴《しき》親王の離宮跡と伝えられ、最高の眺望。その当時も、ハギは咲いていたのだろうか。

花期…**9月中旬〜下旬**
問い合わせ先…☎0742・26・3392 白毫寺

住所 奈良市白毫寺町392
拝観 9時〜17時
料金 300円

近鉄奈良駅から市内循環バス10分、高畑町下車、徒歩20分

地図P6C-1

萩の棗《なつめ》

若いころ、祖母や母から無理やり茶道を習わされた。学生時代、新聞部に入り、年中ジーパン姿で、取材だ、キャンプだと跳びはね、女らしいかけらも無かったから、余程心配だったのだろう。「習ってやる」と始めたら、結構おもしろくて熱心に通うようになった。その頃60歳代の先生は、女手ひとつで料理旅館を経営しながらお茶の先生もするという、やさしいながらも芯のある人だった。

　入門したての頃、足がしびれて動けなくなり、両足を投げ出したまま回ってきたお茶を飲んだ。ちょうどその時、先生と友人だった祖母が入ってきて、そのあり様に眉をしかめ、ぴしゃりと伸ばした足を叩いた。ほの暗い茶室で、きちんと座っている中に一人足を投げ出しながらお茶を飲んでいるのを思うと、急におかしくなって「あはは」と笑った。笑っていると歯止めが効かなくなって肩を揺らして笑いころげた。そのうち皆に伝染して、大笑いとなり、お茶は中断した。

棗を落として畳に抹茶を撒いたり、お茶会では振り袖を踏んだまま立ち上がって袖をちぎってしまいそうになるし、思えばひどい弟子だった。できるだけ着物を着てくるようにと言われて、母に着方を教えてもらった。二度ほどは教えながら着せてくれたが、あとは自分で覚えるようにと、頼んでも手伝ってはくれない。仕方がないから適当に着てお稽古に行くと、ほとんど着崩れて、帯はだらりと落ちていた。お茶室は着付け教室となり、先生がこの紐はゆるくてもいいとか、この紐はきちんと締めてとか言いながら着せ直してくれた。他の人も衿の抜き加減とかおはしょりのきれいな始末など尋ね、教えてもらった。親の言うことは右から左でも先生の教えは良く頭に残るから不思議。お茶碗を割ってしまったこともある。その時「あらまあ」と言いながら「形あるものは滅す。いままで使わせていただいてありがとう」と割れたお茶碗に一礼して片付けられた。気を付けるようになどというお小言ひとつ無かった。それだけにいっそう自分の粗忽さが身に染み、恥ずかしかった。

　ある時、用事があって先生を訪ねた帰り、露地の敷石を歩いて木戸を開けようとして何げなく振り向くと、先生が両手をついたまま見送ってくださっていた。あわててぺこんと頭を下げたがその時の先生の笑顔を今もはっきりと覚えている。

　結婚でやめることになって挨拶に行くとお祝いにと小さな桐の箱をくださった。紐を解いて開けると、黒漆に萩の蒔絵の美しい棗が入っている。「若い人には桜とか華やかな方がいいかなと思ったけど、萩は私が一番好きな花なの。時々はお茶のこと、私のこと、思い出してね」。萩の花はみるみる潤んだ。ずっと昔の話。

境内には会津八一の歌碑などがあり、ハギの花が彩りを添える

新《しん》薬《やく》師《し》寺《じ》の萩

奈良市

花期…9月上旬〜10月上旬

問い合わせ先…☎0742・22・3736 新薬師寺

新というのは〝あらたか〟という意味で、新しい薬師寺ではない。光明皇后が聖武天皇の眼病平癒《へいゆ》を祈って建てたというだけに、本尊薬師如来の目の大きくすずやかなこと、引き寄せられるよう。

四月八日夜「おたいまつ」が行われ、東大寺二月堂の「お水取り」に使われたのと同じ松明《たいまつ》に、再び火がつけられる。奈良時代の大らかさを今に伝える本堂前に燃えさかる炎はちょうど境内の桜が咲く頃で、その競演も見事。

秋には、天平が香る本堂を背景にハギの花が咲きこぼれる。万葉人もこよなく愛した白や紫の花は、寺の雰囲気にもよく合って、秋の訪れを告げている。円形の土壇に並ぶ十二神将のいかめしい表情も、この時ばかりは哀愁を帯びる。

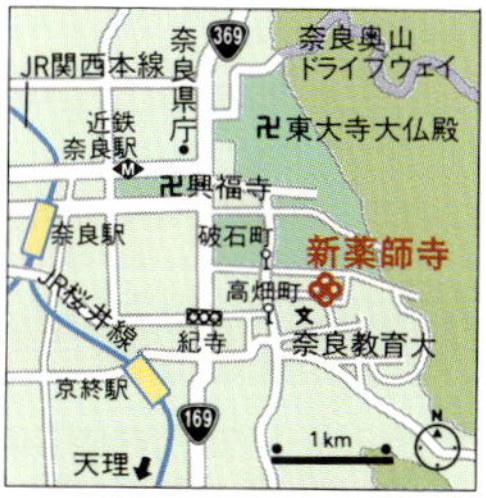

近鉄奈良駅から市内循環バス5分、破石町下車、徒歩15分

住所　奈良市高畑町1352
拝観　9時〜17時
料金　500円

国宝の極楽坊、禅室を囲むようにハギの花が咲き、風に揺れる

元《がん》興《ごう》寺《じ》極《ごく》楽《らく》坊《ぼう》の萩

奈良市

花期…9月上旬

問い合わせ先…☎0742・23・1377　元興寺極楽坊

「萩の花尾花葛花撫子が花女郎花また藤袴朝顔の花」と万葉集に山上憶良が秋の野の花を歌っている。秋の七草という美意識の源流はこの歌により生み出されたといわれている。万葉集に最も多く歌われている花がハギ。七草の筆頭にあげられ、草冠に秋の文字さえ与えられた。

万葉の時代、庭にはハギを植え、ハギの花見の宴も催されたという。

元興寺極楽坊本堂の瓦には飛鳥時代のものも使われている。時代によって違う瓦の色が描くモザイク模様は、不思議な調和を見せる。日本最初の寺として建てられた飛鳥寺を平城遷《せん》都《と》に伴って移したという古寺ははるかな昔の息吹をいまに伝える。本堂、禅室を囲むように咲くハギの花を揺らして、風が過ぎる。

近鉄奈良駅から徒歩15分

住所　奈良市中院町11
拝観　9時～17時
料金　400円

地図P6C-2

堂々たる天平の古刹には、万葉人が愛したハギの花が境内を彩る

唐《とう》招《しょう》提《だい》寺《じ》の萩

奈良市

花期…**9月中旬**
問い合わせ先…☎0742・33・7900 唐招提寺

夏、ハスの花で極楽さながらの花逍遥《しょうよう》で楽しませてくれた唐招提寺は、秋の風と共にハギの花が咲きこぼれる。

ゆったりと流れる屋根を円い八本の柱がずしりと受け、天平の様式美を今に伝える本堂の前にもハギが紫の花をつける。地面に向かって枝を差し伸べるハギは、訪れる人を本堂の仏まで導くように見える。境内のそここにハギの花は咲くけれど、講堂の西側、本坊への道すがらがことに多く、ハギの唐招提寺といわれるのもうなずけるほど。

ここに咲くハギの花の身を伏したような、控えめさが嬉しいと書いたのは誰だったか。はるかな島国へ戒律を伝えたい一心で命をかけた鑑真《がんじん》への畏敬《いけい》の心持ちと、花への思いが重なっての言葉だったのかも知れない。

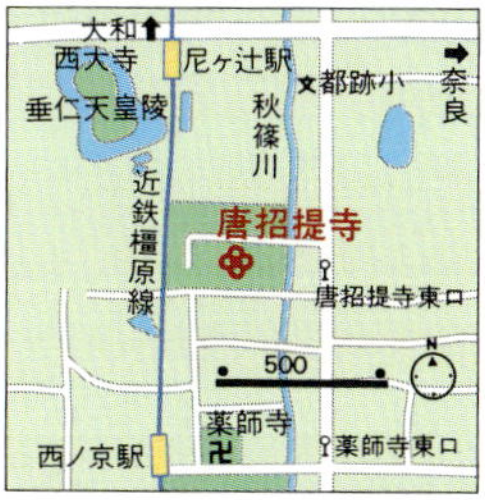

近鉄西ノ京駅から徒歩10分

住所 奈良市五条町13-46
拝観 8時30分～17時
料金 600円（4月1日より）

地図P6C-4

彼岸の頃になるときまって咲くからヒガンバナ。
葛城古道のいたるところで赤く燃える

神々が坐す山の麓を通る古道は上質米の産地。ヒガンバナも収穫を見守る

葛城《かつらぎ》古《こ》道《どう》の彼岸花

御所市

花期…9月中旬
問い合わせ先…☎0745・62・3001　御所市商工課

　三輪山と共に神の坐《いま》す山として古くからおそれ、崇《あが》められてきた葛城、金剛《こんごう》の山。その麓を南北に葛城古道が通っている。大和朝廷より以前に成立していた葛城王朝の本拠地だったところで、『古事記』が描く神話の世界の遺跡が残る。石仏が境内を埋める九品寺、一言だけ願いがかなう一言主神社、野の花が咲く橋本院、天孫降臨《てんそんこうりん》が伝えられる高天彦神社など、人と神とが自在に行き来していた頃の風が今も流れる。西の山の辺の道ともいわれるが、古代の空気が一層濃い。

　ある夏、訪れると田にアイガモが遊んでいた。無農薬の米を作っているのだという。じかにモミを撒いた全くの自然農法という田もある。そんな田を縁どってヒガンバナが真っ赤に燃える。

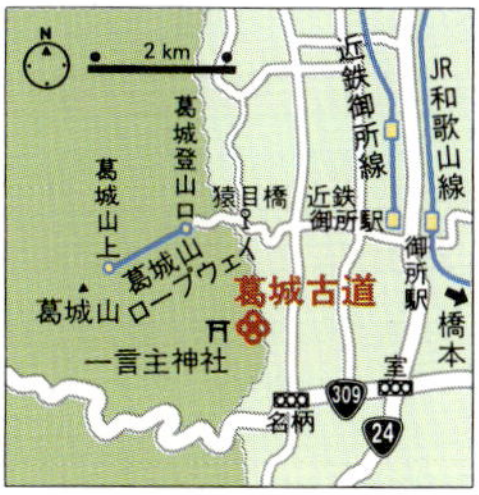

ＪＲ・近鉄御所駅から葛城ロープウェイ駅行きバス7分、猿目橋下車、南進

所在地　葛城山ロープウェイ登山口駅への途中、猿目橋あたりから東佐味あたりまでの約15km

地図P5A-4

188段もの石段の両側をヒガンバナが埋め尽くして咲く

仏隆寺《ぶつりゅうじ》の彼岸花

榛原町

花期…9月中旬

問い合わせ先…☎0745・82・2714 仏隆寺

仏隆寺は大和茶発祥の地という。空海が唐から帰る時に茶の実と共に持ち帰った茶臼《ちゃうす》が寺宝として伝えられ、大切に封印されている。唐獅子と牡丹が彫られた石の茶臼は、把手の付け根が金で補修されている。

ある時、宇陀の松山城主が茶会の折にこの茶臼を寺から借り受け、返さずにいると毎夜、獣が城内で暴れた。調べると茶臼に彫られた唐獅子のしわざで、怒った城主は茶臼を庭石に投げつけてから返した。補修の跡はその時の傷という。

弘法大師は持ち帰った茶の種を自ら山内に撒いたと伝えられ、以来千年、茶の樹は今も栽培されている。

伝説の寺にふさわしく、苔色に染まる石段は彼岸の頃、燃えるようなヒガンバナで囲まれる。

近鉄榛原駅から上内牧行きバス15分、高井下車、徒歩35分

住所 宇陀郡榛原町赤埴1684
拝観 9時～17時
料金 入山100円（本堂拝観300円）

地図P4C-3

天上に咲く架空の花

　子供の頃、彼岸花を友達にもらって、こんなにきれいな花を見せたら、みんなどんなに喜ぶだろうと持って帰った。母はこれは毒があるから、すぐに捨てて手を洗うようにと言う。手伝いのおばさんも死人花といって縁起が悪いのだと彼岸花を取り上げた。ひどくがっかりしたのを覚えている。

　曼珠沙華とも呼ばれるこの花は、昔ほど忌み嫌われることがなくなったようで、いろんな所に飾られる。草木染めの展示をしていたギャラリーでは大きな信楽の壺にひとかかえほども生けられていたし、現代アートの小品を並べたモダンなスペースでは繊細なガラスの瓶に赤い花が咲いていた。赤い花は場になじみ、作品を引き立てて強いのにやさしい色をしている。個人的な感想を言えば、彼岸花より、曼珠沙華と言う方がいい。曼珠沙華とは天上に咲く架空の花という意味もあるらしいが、どうしてそんな高貴な名前がこの花に付けられたのだろう。いずれにしても、〝赤い花なら曼珠沙華〟、秋の風景に無くてはならない色と形。

　お彼岸の頃、大和路を歩くと、いたるところで、色づきはじめた田の畦に咲く曼珠沙華を見ることができる。不思議な花で、決まってお彼岸になると咲く。強烈な暑さで日照りが続いた時も、冷夏で稲の育ちが心配された時も、きっと咲いた。ほかの植物が気象条件によって開花時期を左右されたというのに。彼岸花という名前は長い年月の中で、これしかないという確かさで付けられていったのだろう。名は体を表すという典型のようだ。

　毒を含むという根には澱粉が多く、飢饉の時はすりおろして何度もさらして食用にしたという。あざやかな赤い花は、飢えという恐怖に備える切ない色だったのだ。田を縁どって守ってでもいるかのように曼珠沙華は咲く。代々、田を耕してきた祖霊がその魂を燃やしているのかも知れない。実りを前にした、最も大切な時期に、もろもろの邪を払いつつ。

　曼珠沙華の赤い色には生命への強い執着、実りへの感謝と祈り、そして飢えの切ない記憶が深く塗り込められている。何層にもなった色の重なりがあるから、どんな場にも所を得て、強くてやさしく、存在感があるのに少しも邪魔にならず、陶器や布、現代アート、ニューファッションにも似合うのだろう。強く人の心を捉えるのもうなずける。この花を鑑賞として楽しめる、今という時代をありがたいと思う。

　明日香村では棚田のオーナー制が取り入れられ、都会の人が週末になると田を耕しにやってくる。「思ったより大変だった」。田仕事の先が見えてきた頃、曼珠沙華が咲いた。「きれいな花だね、持って帰ろう」と女の子が母親に言っていた。

飛鳥川が流れる稲渕の棚田や祝戸など、村にはヒガンバナが多い

飛鳥《あすか》の彼岸花

明日香村

花期…9月中旬
問い合わせ先…☎0744·54·2001
明日香村企画振興課

明日香村の棚田は美しい田園風景として知られる。寸土《すんど》を惜しんで耕してきた田は、今となっては機械化しにくく、厳しい労働を強いる。しかも進む高齢化。そんな中で棚田のオーナー制というアイデアが生まれた。耕作者を募集し、地元の人がインストラクターになって農業の指導をするというもの。募集を開始して、予想以上の反応に関係者は驚いた。村では次の世代へ農業を少しでも理解してもらおうと、なるべく子供のいる家族を選んだという。

田植え、草取り、かかしコンテスト、稲刈りなど、一年をめぐる農作業をイベントとして楽しんだ。「彼岸花まつり」も開かれて静かな村は賑わった。ヒガンバナの深紅の色がことのほかあざやかに燃えた。

近鉄橿原神宮前駅から岡寺行きバス15分、終点下車、徒歩10分

所在地 高市郡明日香村村内各所

信州に似た気候が良質のソバを育てる

桜《さくら》井《い》市《し》笠《かさ》の蕎《そ》麦《ば》の花

桜井市

桜井市は古くからのそうめんの里。大和川へ流れる巻向《まきむく》川は小さい川ながら、水量に恵まれ、三輪山と穴師山の間をいっきに下る。万葉集にも「巻向の川音高しも」と詠まれているほど。この流れを利用して水車がいくつもかかり、ここで小麦を粉にできたからこそ、そうめんもできた。今、川のほとりには水車は無く、その跡があるだけ。

この桜井でソバが新しい名産として注目を集めている。巻向川のはるか上流をさかのぼる笠地区は、信州に似た清冷な気候でソバの栽培に適しているという。深い緑に囲まれたソバ畑には、九月の中頃、白いソバの花がいっぱいに咲く。

〝笠ソバ〟は、専門家たちも太鼓判を押すほど上質で、味も上々という。

花期…9月上旬～中旬
問い合わせ先…☎0744・45・3450
桜井しき農協指導部

所在地 桜井市笠

JR・近鉄桜井駅からタクシー30分

地図P4B-2

戒《かい》長《ちょう》寺《じ》の秋《しゅう》海《かい》棠《どう》

榛原町

花期…9月中旬
問い合わせ先…☎0745・82・2841　戒長寺

岩陰のシュウカイドウはひかえめでおとなしい

季節ごとに何らかの花が咲く戒長寺は聖徳太子が建立し、弘法大師も修行したという由緒ある古刹。年輪をひそやかに積み重ねたという感じの石垣が胸に迫る。観光化した寺とは違い、聖と清、それに静をしっかり守る寺だけに心して訪れたい。自然の中にあるがままの姿で咲く山野草はたおやかでやさしい。

秋にはコスモス、ヒガンバナと共にシュウカイドウが花開く。この花は江戸初期に日本に伝えられたという比較的新しい花ながら、和風の庭園にもよく似合う。葉も茎も水分を含んでやわらかく、薄紅色の花はうつむいて咲き、ひかえめな感じがこの寺にふさわしい。お葉つきイチョウやホオノキの巨木もある。

住所　宇陀郡榛原町戒場386
拝観　自由
料金　志納

近鉄榛原駅から室生口大野行きバス15分、山辺下車、徒歩20分

地図P4C-2

のびのびと咲くシオンの薄紫が9月の風にやさしい。訪れる人は少ないが春のしだれ桜やシランも美しい

弘《こう》仁《にん》寺《じ》のシオン

奈良市

花期…**9月下旬**
問い合わせ先…☎0742・62・9303　弘仁寺

知恵を授かる"十三まいり"の寺として知られ、風のわたる音が聞こえるだけでひっそりと静まっている。でも、二、四、六月の一三日は子供連れの姿も見られ、黄金ちまき会が行われる六月一三日は、静謐を守る寺もひとときの賑わう。

モンペにかっぽう着、満面の笑みが魅力的な住職夫人の高井貞子さんは、昭和二十三年に天理から嫁入りした。「花嫁衣装の裾をからげて、歩いてきたんや」。

焼失していた庫裡を建て、明星堂と本堂の修復に住職と共に心を砕いた。「これで百年は手を入れんでもええやろ。修復されていくのを見るのが楽しいねん」と話す。飾り気の無い寺に咲くシオンは澄んだ心のように美しい。高井さんが「竹のささやき」と呼ぶ竹も風に鳴る。

住所　奈良市虚空蔵町46
拝観　9時〜17時
料金　300円

近鉄奈良駅から米谷行きバス30分、高樋町下車、徒歩5分

休耕田を利用したコスモス畑は新しい花の名所に

大《おお》柳生《やぎゅう》の秋桜

奈良市

近鉄奈良駅から柳生・月ヶ瀬行きバス30分、阪原下車

花期…10月上旬
問い合わせ先…☎0742・34・1111 奈良市観光課

柳生へ行くにはいくつかの道があるが、時間と体力に余裕があれば「滝坂の道」と呼ばれる旧柳生街道を歩いてみたい。新薬師寺への道を東に、山手の方に行くと、やがて道は狭まり石畳の道へと入る。ここが滝坂の道。石畳は柳生家が奈良奉行に敷かせたものという。木立に囲まれた道は、そばを能登川の渓流が流れ、いたるところに小さな滝がある。滝坂という名前が付けられたのも納得できる。

森の中の道沿いには会津八一が「その表情笑ふが如し」といった夕日観音や朝日観音、柳生十兵衛の弟子である剣豪荒木又兵衛が試し斬りをしたと伝えられる首きり地蔵、「穴仏」とも呼ばれる春日山石窟仏などの石仏が点在し、独特の雰囲気が漂う。この道を歩いていると、剣豪が立ち現れても不思議ではない気がする。

無刀取り、生かす剣といわれ

る柳生新陰流は、人を殺すのではなく平和のために使うという。数多くの剣の達人の中で一万石の大名になったのは柳生家だけ。

　かつて、武芸者たちも休憩したという峠の茶屋で一息入れる。ここからは水田と茶畑が広がるのどかな田園風景、そして円成寺へと続く。柳生の里へは、休耕田を利用したコスモス畑を見ながら歩く。風に揺れるとりどりの花が疲れた足も心も慰めてくれる。

所在地　奈良市阪原町一帯

地図P4B-1

西国三十三ヶ寺巡礼の観音が愛らしい石仏となって並び、コスモスが風に揺れる

般若寺《はんにゃじ》の秋桜

奈良市

花期…**10月上旬**
問い合わせ先…☎0742・22・6287　般若寺

数ある花の寺の中でも、最もたくさんの種類の花が咲くのはここではないだろうか。梅、ツバキ、レンギョウ、ヤマブキ、フジ、アジサイ、ハギ、シオンそしてコスモス。真冬の一時期をのぞけば、たいてい何かの花が咲く。どの花も寺のたたずまいに合って、それぞれに美しく、心なごませられるが、その中でも人気があり、良く知られているのはコスモスではないだろうか。赤、白、薄紅の花模様は、春とは違った風情を見せてくれる。コスモスが日本に入ったのは明治という。深い歴史が刻まれた大和の古寺に、新しい花がしっくりとなじむ。日本の風土によほど合ったのか、心に添うのか〝秋桜〟という名前まで付けられた。秋の風にそよぐ様子を万葉人なら何と歌うだろう。

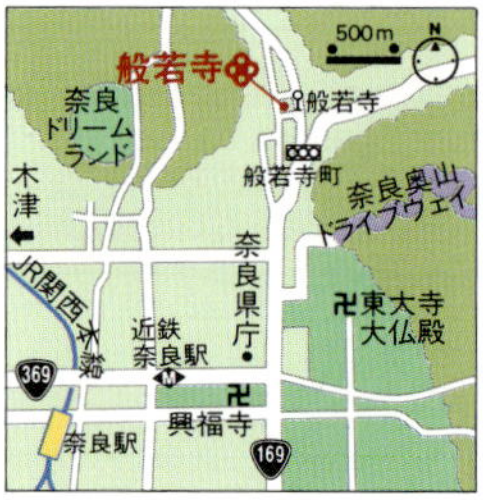

近鉄奈良駅から青山住宅方面行きバス10分、般若寺下車、徒歩5分

住所　奈良市般若寺町
拝観　9時～17時
料金　400円

石仏に供えられたようにシュウメイギクが咲く

正暦寺《しょうりゃくじ》の秋明菊《しゅうめいぎく》

奈良市

花期…10月中旬

問い合わせ先…☎0742・62・9569 正暦寺

紅葉の里として有名な寺ながら、四季折々に花が絶えない。秋明の頃に咲くからシュウメイギクと呼ばれるが、京都の貴船《きぶね》に多かったことからキブネギクともいう。かそけく咲く姿は茶人にも愛され、この季節、釜鳴りの音を聞く床の間に飾られることも多い。

豊かな自然に包まれた寺には苔むした石垣がめぐらされ、城跡を思わせる。

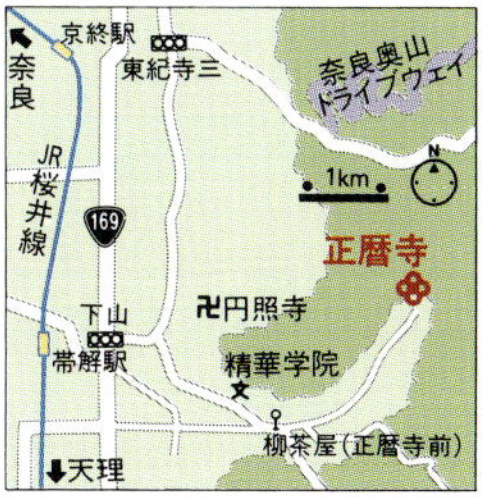

近鉄奈良駅から米谷行きバス25分、柳茶屋下車、徒歩30分

堂塔、伽藍《がらん》が建ち並び、威容を誇っていた頃をしのぶささやかなよすが。本堂石段下には多くの石仏が並んでいて、その間に寄り添うようにシュウメイギクが咲く。細い茎を精いっぱいのばして、紅紫の花を捧げる。小さな花と石仏がつくる情景ははかなげで愛らしく、心もなごむ。紅葉の賑わいを前にした静かなひととき。

住所 奈良市菩提山町157
拝観 境内自由(客殿は9時~17時)
料金 400円

地図P4B-2

奈良《なら》公園《こうえん》の紅葉

奈良市

花期…11月下旬
問い合わせ先…☎0742・22・0375
奈良公園管理事務所

→奈良公園ではいたるところが紅葉の名所

↘遠足に訪れる子供たちの歓声が聞こえる

ゆかしいたたずまいや歴史に彩られ、文化を育んできた町を一つのほめ言葉として"小京都"と呼ぶ。京都よりさらに深い歴史をもつ奈良だけれど、"小奈良"という言葉はどこにもない。それは、奈良公園というとんでもない歴史ととてつもない広さの公園を、この町が日常の中に抱えこんでいるからではないだろうか。奈良公園には柵《さく》も塀もない。どこからが公園の敷地なのかさえ意識することなく人々は訪れ、時を過ごす。公園はたまさか訪れる遊びや憩の場所というだけでなく、通勤や通学の道であり、暮らしを営む日常そのものでさえある。しかも、広大な敷地の公園が都市に隣接している。

　さらに、公園のいたるところにはるかな時代の記憶が刻まれていて、問いかけさえすれば惜しげなく語り始めてくれる。奈良公園の夜の闇を"魑魅魍魎《ちみもうりょう》が棲む闇"だといった人がいる。未開の原野の闇とは全く違うのだという。

　正倉院展が終わり、奈良がほっとひと息つく頃、奈良公園は錦《きん》繍《しゅう》の季節。紅葉の間から鹿の鳴き声が聞こえ、絵よりも美しい現実の風景に、声も無く立ちすくむ。絵物語の主人公となって。

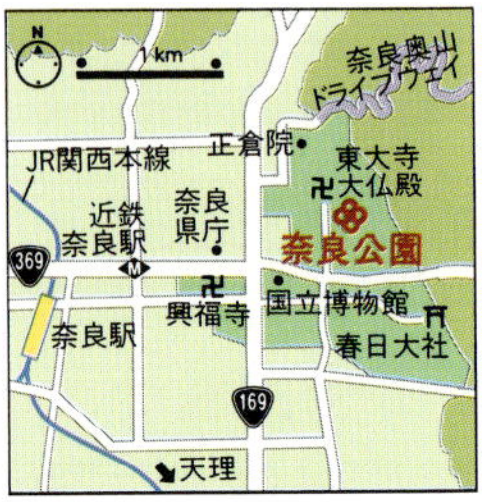

近鉄奈良駅から徒歩10分

所在地　奈良市春日野町

妻を恋して鳴く鹿と紅葉、絵よりも美しい情景の季節

春《かす》日《が》奥《おく》山《やま》の紅葉

奈良市

春日奥山も奈良公園の一部だが、春日山のこのあたりまで来ると東大寺や春日大社、飛火野《とびひの》の紅葉とは別のもののように雰囲気が違う。

春日山と三笠山との谷合いを行くと木々が深々と茂り、深山幽谷を思わせる道になる。梢《こずえ》をわたる風もいっそう清冷になって、紅葉もしだいに濃く深まっていく。

『小倉百人一首』に詠まれ、よく知られている猿丸大夫の〝奥山に　紅葉踏み分け　鳴く鹿の　声聞く時ぞ　秋は悲しき〟という歌そのものの風景がここにはある。妻を求めて鳴く鹿の声はどこか寂しげで哀愁を帯び、それが夕暮れなら、ひとしお。古い歌や物語に書かれた景色がそのままに残るという奇跡のような出会いができるのも奈良歩きの大きな魅力のひとつ。

所在地　奈良市春日野町

花期…11月下旬
問い合わせ先…☎0742・22・0375
奈良公園管理事務所

春日山原生林への道は紅葉が散り敷いて、かさこそと足音がする

近鉄奈良駅から徒歩30分

地図P6B-1

正《しょう》暦《りゃく》寺《じ》の紅葉

奈良市

昔から錦の里と呼ばれてきただけに、さすがの風景

古くから清澄の里、錦の里と呼ばれてきた正暦寺の紅葉は素晴らしい。境内にはカエデの木が多く、紅葉のトンネルをくぐって歩くと体までも赤く染まりそうなくらい。

花期…11月下旬
問い合わせ先…☎0742・62・9569 正暦寺

かつて壮麗な寺観を誇ったこの寺は、銘酒を造ることでも有名だった。菩提山川という清冽な水、涼冷な気候に恵まれ、それまでの濁酒から清酒への最初の製法はここから始まったという。「天下の銘酒」と世を風靡《ふうび》したという。南都に酒造業が広まり、「奈良漬」が名産になったのも元はといえば菩提山の酒があったから。紅葉がこれだけ境内にあるのは、酒を紅葉であたためるという、古詩に則って楽しんでいた名残だろうか。

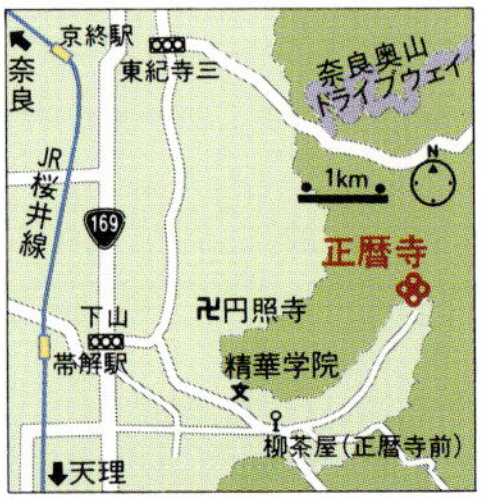

近鉄奈良駅から米谷行きバス25分、柳茶屋下車、徒歩30分(11月の土・日・祝日は正暦寺行きがある)

住所 奈良市菩提山町157
拝観 境内自由(客殿は9時～17時)
料金 400円

地図P4B-2

談《たん》山《ざん》神《じん》社《じゃ》の紅葉

桜井市

花期…11月中旬
問い合わせ先…☎0744・49・0001 談山神社

多武峰《とうのみね》の深い木立の重なりに見え隠れする壮麗な朱塗りの社殿。白い雪景色のなかの朱、新緑のなかの朱、いつ訪れてもため息が出るほど美しいが、全山燃えるばかりの紅葉のなかに、なおも社殿の朱を添えて、錦と織りなす様はたとえようがない。

木造檜皮葺きで朱塗りの十三重塔は紅葉の彩の中でいっそう美しい

絢爛《けんらん》たる紅葉の錦絵巻に、人は立ち尽くすばかり。

明治時代に神仏分離するまでは、妙楽寺という女人禁制の寺で、近くには大きな門を構える家があるが、これはかつての僧坊の名残。よく見ると鬼瓦に卍の字が入っている所もある。

能楽を大成させた観阿弥、世阿弥は大和に多くの足跡を残しているが、多武峰には特に深い関わりがあったという。紅葉のなかでどんな想を練り、何を演じたのだろうか。

JR・近鉄桜井駅から談山神社行きバス30分、終点下車すぐ

住所　桜井市多武峰319
拝観　9時～16時30分
料金　入山500円

大《おお》野《の》寺《でら》の紅葉

室生村

宇陀川の清流にのぞむ大磨崖仏を荘厳して木々の葉が赤く染め、散華のように散らしていく

花期…11月中旬
問い合わせ先…☎0745・92・2220　大野寺

室生寺の西の門とも呼ばれる大野寺。春にはしだれ桜がそよ風に流れ、秋には対岸の大磨崖《まがい》仏《ぶつ》への供花としてか、木々が見事に紅葉し、宇陀川に錦を流す。線刻された弥勒立像は一〇メートルを超す大きなもの。光線の具合で見にくい時もあるけれど、ふくよかなお顔と流れるような衣の線が印象に残る。

冷たく重いだけの石や岩もひとたび人の手が入ると石は石仏となり、岩や崖は磨崖仏となって人々の信仰の対象となる。もの言わぬ石が語り始める不思議。磨崖仏は、度々兵火にみまわれ、木像や画像のはかなさを身をもって体験した人々の永遠への憧れだったのかも知れない。岩の風化と紅葉の色が目に染みる。

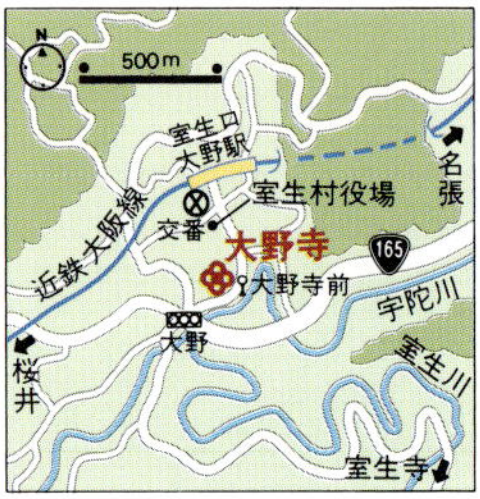

近鉄室生口大野駅から徒歩5分

住所　宇陀郡室生村大野1680
拝観　8時～17時（磨崖仏は自由）
料金　200円

室生寺《むろうじ》の紅葉

室生村

花期…11月中旬
問い合わせ先…☎0745・93・2003 室生寺

女人高野の秋は紅葉さえも華やかさを忘れない

室生寺はたいこ橋から始まる。境内の深い静けさと、草餅や土産物店が並ぶ門前町の賑わいを室生川が隔てる。シャクナゲやハナズオウの花盛りとは趣を異にする紅葉の頃もまた、女人の寺にふさわしく、しっとりとした風情で心ひかれる。

柿葺《こけらぶ》きの屋根と黄葉、石段と紅葉、ここだけに限ったことではないが、自然と建築物が一体となった整い方を見ていると、古の美意識の確かさが身に迫る。

白壁に導かれ、紅葉に誘われて石段を登る。本坊、本堂、金堂、五重塔、そして奥の院へ。

時間があれば、室生川上流の竜穴神社の紅葉も一度は見たい。竜が棲むにふさわしい、神秘にみちた光景が黄や紅に染まる。

近鉄室生口大野駅から室生・血原・辰尾行きバス15分、室生寺下車、徒歩5分

鎧坂では石段に紅葉した枝をさしかける

住所　宇陀郡室生村室生
拝観　8時～16時30分（日・祝日は17時まで）
料金　400円

地図P4C-3

金色の葉を一面に散り敷いた境内は、神話の世界を垣間見る思いがする

一言《ひとこと》主《ぬし》神《じん》社《じゃ》のイチョウ 御所市

花期…11月下旬
問い合わせ先…☎0745・66・0178 一言主神社

里に人から「一言さん」と親しまれ、一言だけ願いを聞いてくれると伝えられる神社には、樹齢一二〇〇年という大きなイチョウがどっかと立ち、枝を広げている。大きな幹には乳房を思わせる膨らみがあり、樹皮の突起は乳首のように見える。「乳イチョウ」と呼ばれ、お乳が出るようにとか、子供を授かりたいなどの願いも寄せられる。

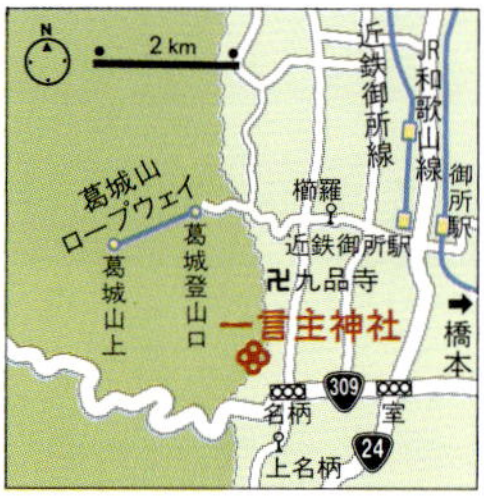

近鉄御所駅から名柄行きバス10分、上名柄下車、徒歩10分

『古事記』によると、雄略天皇が狩りの時に一言主大神に出会い、全く同じいで立ちだったことに怒ったが「善事《よごと》も一言。悪《まが》事《ごと》も一言」、善い事も悪い事も一言で解決する神だとの答えに恐れ入って、衣を差し出した。神は手を打って受け取り、これがかしわ手のはじまりという。神と人とが行き来していた時代、その頃からイチョウは命を紡《つむ》ぎ続けている。金色の葉が一面に散り敷いた境内は神々《こうごう》しい。

住所 御所市森脇

地図P5A-4

高野聖の戦慄

こんな飾り方があるのかと、驚いた。床の間には大きな壺があって、紅葉がどっさり生けられ、壺の周りにはとりどりの紅葉が撒き散らしてある。山の風景を、そのまま床の間に運びこんだ趣向だった。赤、朱、緋、茜、紅、などすべての「あか」と呼ばれる色を惜しみなく染め上げて見せてくれる紅葉。道すがら眺めてきた紅葉のしめくくりだ。

広橋梅林に近い広橋の峠には、小学校と法泉寺という浄土真宗のお寺が隣り合って建っている。住職夫人の稲葉邦子さんの心尽くしの紅葉のもてなし。

「木の葉っぱだけはたくさんあるから、豪快に使えますねん。表の塀にからまっている蔦の葉やら、境内の木の葉やら、どこにでもありますから」と笑う。

あるものを楽しむのが彼女の生き方。ある時はロマンティックなふわふわのワンピース、ある時は夜会巻きに結った髪に大正ロマンの着物姿で現れる。洋服は自分で縫うから、材料費千円也、という場合もある。着物は古着のこともある。地味なくすんだ緑の無地の着物には肩から袖にかけて、同じ色目のビーズが散らしてあった。豪華な雰囲気なので聞くと、「昨日の夜、遅うまでかかってビーズを縫いつけましてん」とのこと。工夫ひとつで母や祖母の地味な着物もよみがえると、その日の話題の人だった。不思議な魅力があって、いつも人の輪ができる。

女性ばかりの集まりで、お茶室へ入る時のこと、正客を遠慮して誰も先に進まない。「では、大僧正が」と言って着座してくれた。その一言で笑いがおこり、座はなごんだ。知らないと言っていた通り、知らないままに正客に座ってくれたのが分かり、いっそう楽しいお茶をいただくことができた。これが、万端隙なく作法通りであれば、こうはいかない。知らなくても、この場を楽しみましょうという、無言のメッセージが快かった。

吉野在住の歌人、前登志夫さんは『吉野日記』でこの寺に触れている。「高野聖の戦慄をおぼえる…」。『高野聖』は泉鏡花の名作で、旅の僧を語り手に、超現実世界の美女を描いている。前さんが戦慄をおぼえた相手が稲葉邦子さんその人。外見の美しさもさることながら、その心根のたおやかなこと。

中学生の頃、父が事故で記憶を失ってから生活を支える母の一番の相談相手となり、四人兄弟の長女として面倒を見、大学進学も諦めたとか。住職は二度目の結婚で子供がいたこと、その子が成長し、実の母に会いに行った時には感想を話してくれたという。不思議な魅力は、さまざまな経験が生み出すのだろうか。紅葉も冷え込みがひどいほど美しくなると聞いた。見事な紅葉をみる度に法泉寺の床の間が思い出される。

曽《そ》爾《に》高《こう》原《げん》のススキ

曽爾村

夕日を浴びると金の波
日中は銀の波となってうねる

ススキにはどこかうらさびしい、荒涼としたイメージがある。そんな思いを一変させてくれるのが曽爾高原のススキ。高原を縁どって立つ倶留尊山《くろそやま》と亀山の鞍部からの眺めは、ススキの群生が太陽の光を受けて輝き、圧倒的な力感で迫ってくる。立ちすくむよりほか、仕方がないくらいだ。

曽爾高原は、やわらかで女性的な曲線を描くおだやかな地形で、近くの香落渓《こおちだに》が見せる、力ずくで描いたような山の稜線や、柱状節理の豪快な岩肌とは対照的だと思っていたが、なかなかどうして、穂を出したススキが群生する曽爾高原も豪快な美しさにあふれている。風が吹くとススキは銀の波となって揺れ、風の通り道が見える。力強いけれど、限りなくやさしい。

ススキの原に下りて行くと、ススキは背丈を超すほどに育っていて、まるでススキの林を歩いている気分。足元ではさかんに虫が鳴く。銀波の真っ只中に立つと、ススキ一色に見えた高原には、ワレモコウやノギクなどさまざまな秋の野草が咲いている。

十二月になるとこのススキは刈り取られ文化財などの茅葺き屋根

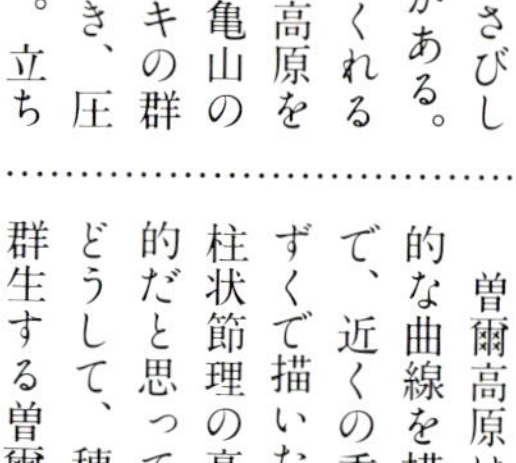

近鉄名張駅から掛西行きバス40分、太良路下車、徒歩70分

花期…10月中旬～11月上旬
問い合わせ先…☎0745・94・2101 曽爾村むらづくり推進課

の材料になる。冬が過ぎて三月から四月の頃、高原に火が放たれる。一度に枯れ草を焼き払い、新しい芽を守るのだという。天候、時刻によって自在に姿を変えるススキ野の幽玄。

所在地　宇陀郡曽爾村

地図P4D-3

見事に作られた懸崖のキクや大輪のキクが境内に並ぶ

金《こん》剛《ごう》寺《じ》の菊

五條市

花期…10月下旬～11月上旬
問い合わせ先…☎07472・3・2185　金剛寺

桜と共にキクは日本人の心を捉えてきた花だが、原産は中国。奈良時代に伝えられたキクは宮廷園芸として栽培され、一般的になったのは江戸時代に入ってから。品評会や菊人形が作られるほど盛んになったのは江戸後期のことという。

　キクは長寿を保つ霊力があると信じられ、重陽の節句には、前の日から花に綿を被《かぶ》せ、その香りや露を移し取った〝菊の被《ふ》せ綿〟で体を拭く習わしもあった。キクの花を浮かべた菊酒、菊なます、菊むしなど、見て美しく、口にもおいしい。

　花の絶えることのない金剛寺では、この時期、菊薬師まつりと花供養も行われて、丹精こめたキクが秋の日に香る。

10月25日から11月10日まで「菊薬師まつり」が行われる

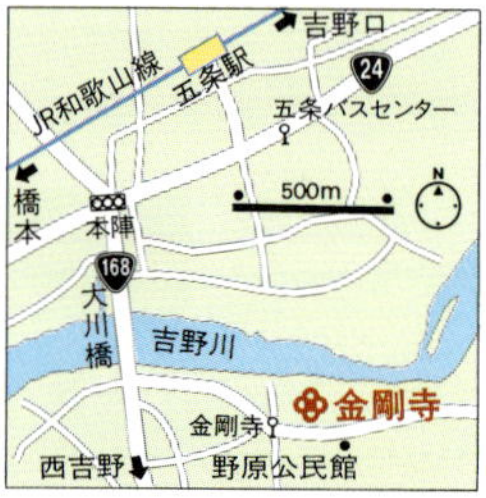

ＪＲ五条駅から谷の宮行きバス8分、金剛寺下車すぐ

住所　五條市野原町２４１２
拝観　８時30分～16時
料金　２００円

冬 ……そして、ふたたび 春

Winter　Spring

12 December　1 January　2 February　3 March

春日若宮おん祭

平《へい》城《じょう》宮《きゅう》跡《せき》の山《さ》茶《ざん》花《か》

奈良市

平城宮跡に植えられたサザンカの向こうに朱雀門が見える

「あおによし奈良の都」があった平城宮跡は、唐の長安をモデルに、周囲に高い塀をめぐらし、道路を碁盤の目にように整備して大極殿、内裏、朝堂院、東院、官庁街が並んでいたという。

華やかな朝廷の暮らしと、血みどろの政争や陰謀は、よりあわされた糸となって紡がれていった。そして、一二〇〇年の時の流れは、すべての歴史を静かに土の中に眠らせる。ときおり発掘された品々から、歴史を覆す事実がわかったり、想像が確かめられたりすると、古代は急に雄弁になる。

発掘調査の終わったところから建物跡に植栽され、「匂うが如く」栄えていた頃をしのぶよすがとなっている。サザンカ並木は築地塀だったところ。赤い花は冬景色の中で際立って咲く。

花期…12月上旬〜下旬
問い合わせ先…☎0742·22·5200 奈良市観光協会

所在地 奈良市佐紀町

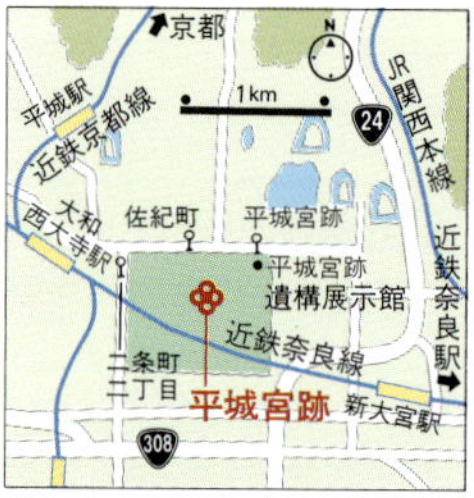

近鉄奈良駅から西大寺北口行きバス15分、平城宮跡下車すぐ

矢《や》田《た》寺《でら》の山茶花《さざんか》

大和郡山市

花期…12月上旬
問い合わせ先…☎0743・53・1445 矢田寺大門坊

白壁越しに見る白いサザンカは清々しい

アジサイの頃は多くの人が訪れ、賑わいを見せる矢田寺も、この時期はのんびりと静かで、本来の素顔を見せてくれるような気がする。長い石段からの眺望も、落葉のせいで視野が広まり、ときおりすれ違うと「こんにちは」とあいさつされたりもする。風の冷たさとは反対に心の温度は、こんな季節の方が暖かいのかも知れない。

道端の石仏に迎えられながら大門坊へ行くと、白壁の向こうにサザンカの大きな木が枝を広げ、白い花をいっぱいに咲かせている。見事な咲きように、足を止め、見上げる。冬の青い空にサザンカの葉の緑、真っ白な花が凜として潔い。足元に散った花びらも美しい。

近鉄郡山駅から矢田寺前行きバス20分、終点下車、徒歩10分（アジサイ開花期以外のバス便少ない）

住所　大和郡山市矢田町3549
拝観　9時〜16時30分
料金　400円（アジサイの頃のみ）

地図P4A-2

石光寺《せっこうじ》の寒牡丹

當麻町

花期…1月上旬
問い合わせ先…☎0745・48・2031　石光寺

寒さをしのぐ姿はけなげでもあり、つつましくもある

珍しい寒咲アヤメもある

紅葉が終わり、風景の中から彩が消え、もろもろの花芽も固く閉ざして冬に耐える時、寒ボタンが咲く。

凍りついた土に雪をかぶりながら咲く姿のいたいけでけなげなこと。その花にとワラ苞《むしろ》を着せる花守の心のやさしさ。そんな背景が自然と伝わって寒ボタンは人をひきつけるのだろう。

前住職夫人の染井信子さんに伺うと、前住職は自分でワラを刈り、編んで苞を作ったという。

「寒いのに夜中の一時、二時までもかかって編んでたの。肥料やりも剪定《せんてい》も、ボタンの機嫌を伺いながら手をかけて育ててました」

そんな夫が亡くなって、信子さんは懸命に花を守る。

「心をこめているのに枯れたこともあって、泣きたくなったものです。でも、本当に寒い時は葉を出す力さえ惜しんで、一心に花をつけるのね。そんなボタンに励まされているんです」。

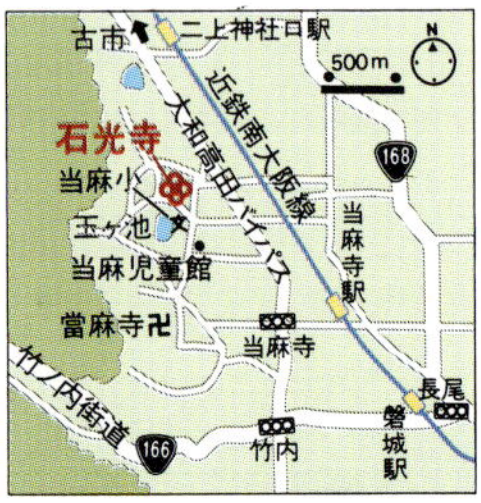

近鉄当麻寺駅から徒歩10分、または近鉄二上神社口駅から徒歩15分

住所　北葛城郡當麻町染野
拝観　9時～16時30分
料金　300円

聖《しょう》林《りん》寺《じ》の千両

桜井市

赤い実をつけたセンリョウやナンテンが冬景色に映える

濃い緑に赤い実が映える

豪壮な石垣の上にあって、境内からは、大和盆地が一望の下。本尊の石像子安延命地蔵は身の丈三・五㍍で大和路最大という。

住職夫人の倉本悠子さんは、「日によってお地蔵様の体がぐっしょりと濡れることがあるんです。温度と湿度の関係なんでしょうが、昔は難産の人と一緒に苦しんではるといってたんです」と話す。子安信仰らしいエピソードで心が温まるが、古美術愛好家には十一面観音が良く知られている。大和を深く愛した和辻哲郎は『古寺巡礼』の中で、「神々しい威厳と、人間のものならぬ美しさとが現れている」と称えている。天平文化が生んだこの名観音像も、廃仏毀釈の時は路傍に捨てられていたという。フェノロサは厨子を寄進するほどこの観音像に感銘を受けた。

境内には、濃い緑の葉の上に赤い実が可愛いセンリョウやナンテンなど、冬景色の中に静かな彩りが美しい。

花期…11月中旬～1月上旬
問い合わせ先…☎0744·43·0005 聖林寺

住所 桜井市大字下
拝観 9時～17時
料金 400円

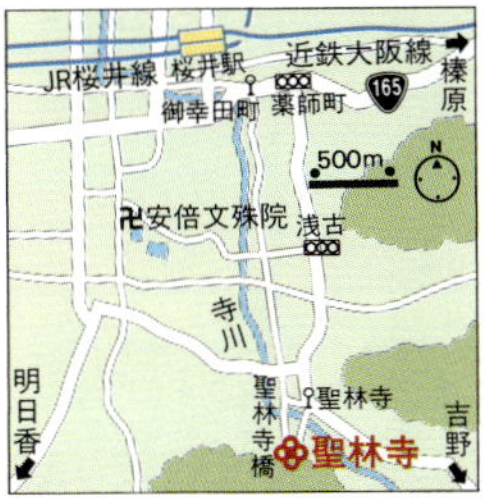

ＪＲ・近鉄桜井駅から多武峰・談山神社行きバス10分、聖林寺下車、徒歩４分

地図P4B-3

侘びた趣のロウバイは八釣の春をひそやかに彩る

飛鳥《あすか》のロウバイ

明日香村

花期…1月下旬〜2月上旬
問い合わせ先…☎0744・54・2001　明日香村企画振興課

清少納言は『枕草子』の中で「花の咲く木では、色が濃くても薄くても紅梅がすぐれている。桜は花びらが多く、色も濃い八重の花がいい。枝も細くてあまり葉も出ていないのが」と書いている。当時、ロウバイはあったのだろうか。十二単《ひとえ》で梅の襲《かさね》といえば、七枚の重ねが表白、裏白から始まり、朱を次第に濃くしていき、極赤まで重ねて一番下は薄い緑。華やかな王朝時代の梅はやはり、紅梅、白梅だったのだろう。花が臘に似ているからとも、臘月(太陰暦の十二月)に咲くからその名がついたともいわれるロウバイは、地味な色目の花ながら、香りには気品があり、ひそやかに春を想って咲く。明日香村八釣は農村の美しい景色が残り、深い郷愁を誘う里。早春の頼りなげな日差しを受けて、ゆるゆると花衣を解くロウバイに風光が叶う。

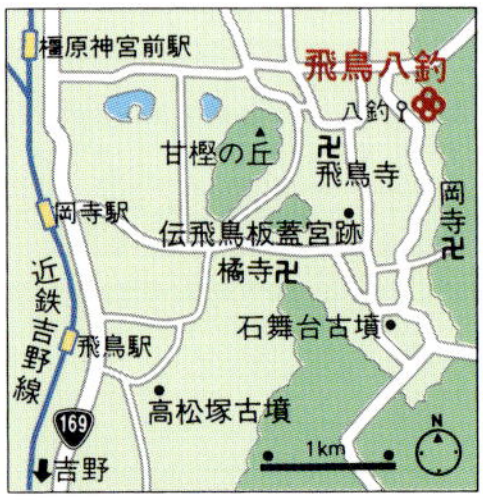

近鉄橿原神宮前駅東口から桜井行きバス20分、八釣下車、徒歩5分、または岡寺行きバス10分、飛鳥大仏前下車、徒歩15分

所在地　高市郡明日香村八釣

地図P4B-3

墨の五彩

姉から葉書が届いた。近くの梅林へ行ったことが数行書かれているだけのことだが、墨絵の梅がきれいだった。もう随分長い間、墨絵を描いていて、時折葉書に絵を描いて送ってくれる。展覧会があるからと言われて見にも行った。私は絵のことには不案内で、上手かどうかも分からないのだが、これはまあ、好きな絵だ。

「墨に五彩あり」というらしい。五彩とはすべての色のことで、水墨画の墨の濃淡には無限の色の広がりがあるという意味だろうか。輪郭だけなら白、淡い墨は薄紅、濃ければ紅。目には墨一色の濃淡なのに、心には華やかな彩りとなって残る。梅林の彩りが思われる。この葉書は「貼り交ぜ屏風」用の箱へ納めた。

以前から大きな二曲の屏風が欲しくて、折りがあれば探しているのだが、なかなか気に入ったものがない。予算がささやかなものだからなお見つからない。そんな時、知り合いの家で散華を散らした風呂先屏風を見て、これだと思った。時折いただく水茎うるわしい達筆の手紙やスケッチ画を描いてくれた葉書など、取っておいたそんなものを貼り交ぜにして、屏風にしたらどんなにか楽しいだろう。そう思い立って早速「貼り交ぜ屏風用」と書いた箱を作った。いろんな手紙が溜まって、どんな屏風ができるかと楽しい。梅の葉書も候補にしよう。

万葉集では梅の歌が桜より随分多く、花といえば梅だったようだ。伝承によると、桓武天皇が平安遷都した時、紫宸殿の前庭に左は梅が植えられていたとか。一八〇年ほど後に内裏が炎上して梅の木も焼けてしまい、再建の時には桜が植えられた。以後、左近の桜、右近の橘が定着したのだそうだ。平安王朝ではこの頃すでに、梅より桜が好まれていたということだろうか。

梅はもろもろの花にさきがけて咲き、花の兄、春告げ草、匂草、香栄草、好文木とも呼ばれる。好文木というのは晋の武帝の「文を好めばすなわち開き、学を廃すればすなわち開けず」という故事からの名付け。菅原道真の飛梅も、学問好きの道真のもとでこそ花開きたいと筑紫への道程を一気に飛んだのかも知れない。

梅の香りは、冷気の中に凜然と漂い、心を捉える。いつだったか、香りと匂いの話をしていたら、匂いには色があるのだと染織家が言った。「におう」は「にほふ」で「丹穂ふ」なのだという。丹は赤い色だから、穂先がほっと赤らんでいるようすのこと。そういえば梅も桜も咲き始める前の枝先はほんのり赤らむ。「朝日に匂う」と言えば、朝日の中で匂いがするというだけでなく、花の色をも彷彿とさせるということか。香りとの違いは匂いには色があること。色もいろいろ。

賀名生《あのう》梅林《ばいりん》の梅

西吉野村

花期…2月下旬～3月中旬
問い合わせ先…☎07473・3・0301
西吉野村産業課

斜面の向かいに賀名生皇居跡がある

春告草の名の通り寒風に耐えて春を告げる

足利尊氏に追われた後醍醐天皇は、西吉野村の豪士堀家に滞在し、吉野山へと向かったと伝えられている。その後、堀家の裏山には黒木御所が建てられ、後村上、長慶、後亀山天皇の行宮となった。御所跡は高校となっているが、近くには北畠親房《ちかふさ》の墓があり、『太平記』のファンには絶好の場所。堀家は門、母屋とも茅葺きの重厚な建物で改修はされているものの、室町時代に建てられた面影を濃く残している。

この向かいの山一体が賀名生梅林。北曽木山の中腹から麓《ふもと》にかけて二万本もの梅の花が咲く。西千本、奥千本など吉野山になぞらえた名所もあり、早春の香りが漂う。薄紅色が多く、それだけにはんなりと色づいた景観となる。歴史散歩と観梅の二つが楽しめる大和路屈指の梅の花名所。

JR五条駅から湯の峰温泉・新宮行きバス20分、賀名生和田北口下車

所在地　吉野郡西吉野村北曽木

追分梅林《おいわけばいりん》の梅

奈良市

花期…2月上旬
問い合わせ先…☎0742·34·1111
奈良市観光課

大阪、奈良、郡山の分岐の峠だった追分に咲く梅は霧のようにも見える

大阪への足回りが便利な地の利から、ベッドタウンとして住宅開発が進む奈良市富雄《とみお》。閑静な住宅地を抜けたところにある梅林は、町に最も近い観梅の名所として親しまれている。矢田丘陵の斜面には、紅梅、白梅、薄紅の梅などとりどりの花が咲き、春の訪れを告げる。

丘陵の上からは、咲き誇る梅の花越しに、向かって若草山、春日山、眼下には奈良の市街地が広がり、のびやかな景色が堪《たん》能《のう》できる。花の頃になると、地元の農家の人によるフリーマーケットができて、手作りの農作物や漬物、梅干しなども並んでいる。どれもおいしく、観梅の後に食料の調達ができると人気がある。

最近、第二阪奈道路がこの梅林を縦断して通り、多少景観が損われたが、都会に隣接した梅林として貴重な存在。

近鉄富雄駅から郡山行きバス霊山寺・藤の木下車、徒歩15分、または若草台行きバス16分、終点下車、徒歩10分

所在地　奈良市中町追分

広《ひろ》橋《はし》梅《ばい》林《りん》の梅

下市町

花期…2月中旬
問い合わせ先…☎0747・52・0001 下市町産業課

奥深い吉野への峠道、広橋には別天地のような梅林がある

海外へ出かける時、一つ二つは携帯する梅干し。おにぎりにもおかゆにも欠かせない。食欲のない時でも梅干しと白いごはんがあれば何とかなる。食生活が変化し、欧風化、インスタント化する中でも健闘中。コンビニでの売れ行き上位のおにぎりにも梅干しが入っていると聞いた。その梅の花は香り高く、ときには雪にも耐えて潔く咲く。

下市の古い町並を過ぎ、吉野川を渡り、天川への道を行くと山の斜面が白や淡紅色に色づき、馥郁《ふくいく》とした春の香りが流れてくる。幾重にも重なる山々、大和の盆地をはるかに見下ろす素晴らしい眺望の峠に広橋梅林はある。こんな所で育った梅の実はどんな味がするのだろうか。

峠の上には小学校と隣合わせて法泉寺という寺がある。ここの客殿からの眺めは「殿上人」になった気分がするほど見事。

所在地 吉野郡下市町広橋小字惣坂～峯出

近鉄下市口駅から笠木・洞川行きバス40分、乳屋辻下車すぐ

月ヶ瀬湖をめぐる梅林は1万数千本にもおよび、梅の景勝地も多い

月《つき》ヶ瀬《せ》梅《ばい》林《りん》の梅

月ヶ瀬村

花期…2月中旬～3月下旬

問い合わせ先…☎07439・2・0131　月ヶ瀬村企画課

奈良・京都・三重の県境の小さな村は、梅林の見事さで全国に知られている。ダム湖である月ヶ瀬湖の池畔は約一万本もの梅が一斉に開花、連日賑わう。

七五〇年前に植えられたのが始まりというが、詳細は不明。後醍醐天皇の笠置落ちの時、側女がこの村で親切にしてもらったのに感謝して烏梅の作り方を教えたという。烏梅とは紅染の色素定着の媒介剤。これは大変貴重なもので、江戸時代には村の特産物として大阪や京都で高価に売れた。それで梅の木を盛んに植えるようになったのだという伝説も残されている。

月ヶ瀬が全国的に有名になったのは文人墨客《ぼっきゃく》が多数訪れたから。松尾芭蕉、頼山陽、斎藤拙堂といった人々は、作品を通して梅林の美しさを世の中に紹介した。伊藤博文、井上毅、福沢諭吉もここを訪れたという。富岡鉄斎も月ヶ瀬を好んで描いた。こういった人々の書画は花の頃に公開される。一日八景、天神の森、祝谷、一目千本、鶯谷、一目万本堂といった景勝地が続き、花と香りを堪能できる。

ＪＲ月ヶ瀬口駅から月ヶ瀬梅渓(尾山口)行きバス20分(2月中旬～3月下旬のみ)、または近鉄奈良駅からバス90分(観梅時期のみ)

所在地　添上郡月ヶ瀬村尾山ほか

西《にし》吉《よし》野《の》村《むら》の福寿草

西吉野村

花期…2月上旬
問い合わせ先…☎07473-3-0301
西吉野村産業課

フクジュソウはガンジツソウともいう

西吉野は有数の柿の産地。枯れた木の根本から春が息づき始める

丹生《にゅう》川の本支流がV字渓谷を造って流れ、両岸の山沿いに集落が点在し、丘陵地は有数の柿の産地として知られている。春からは新緑、アユ、ホタル、秋には山全体が柿の赤い実でおおわれ、マツタケにボタン鍋と四季を通じて視覚と味覚を楽しませてくれる西吉野村。温泉も湧き訪れる人も多くなってきた。

丹生川に沿う津越あたりの山間の斜面には、フクジュソウの自生地があり、可愛らしい黄色の花を凍った土の中から咲かせる。ここが自生地の南限になるという。旧暦の元旦の頃に花が開くところからガンジツソウの別名もある。どちらにしてもおめでたい名前が付けられて、絵の題材としても使われる。小さな花の咲き具合で季節を知るのは楽しい。

JR五条駅から城戸行きバス30分、終点下車、タクシー10分

所在地　吉野郡西吉野村津越

伝《でん》香《こう》寺《じ》の椿

奈良市

東大寺の糊こぼし、白毫寺の五色椿と共に奈良の三名椿と称される散り椿

鑑真和上の弟子による創建という寺で、唐招提寺の末寺。その後、筒井順慶《じゅんけい》の母が順慶を弔って筒井氏の菩提寺となった。寺に伝わる木造地蔵菩薩立像は〝はだか地蔵〟と呼ばれる裸形像で日ごろは布の衣を着る。毎年七月二十三日の地蔵会の日には「着せ替え法要」が行われている。昭和二十五年には胎内から舎利壺や願文などが発見され、像の製作年代が類推できたという。秘仏で一般公開はされないが、地蔵会の時にのみ開扉される。

ここのツバキは花首を落とすのではなく、はなびらを一枚ずつ散らす。武士は椿の落花が首を落とすに通じると嫌ったが、この花は順慶もめでたという。別名「武士椿《もののふつばき》」とも名付けられているのは、散り方が武士にも受け入れられたから。八重咲きの大きな花で紅色が美しく、東大寺の「糊《のり》こぼし」、白毫寺の「五色椿」と共に奈良の三名椿《さんめいちん》と呼ばれている。

花期…3月中旬～下旬
問い合わせ先…☎0742・22・5873 伝香寺

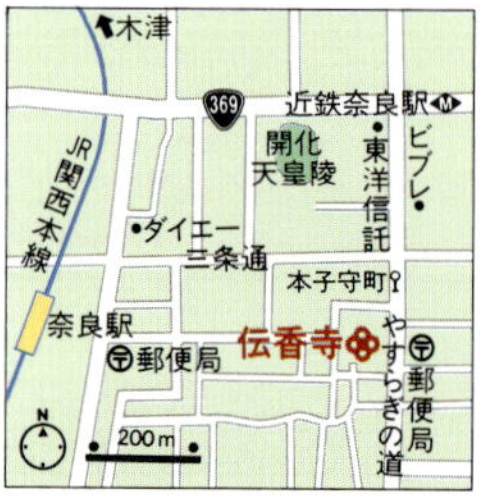

近鉄奈良駅から徒歩10分

住所 奈良市小川町24
拝観 9時～16時（堂内拝観要予約）
料金 400円

地図P6B-2

奈良《なら》公園《こうえん》の馬酔木《あせび》

奈良市

花期…3月上旬〜下旬
問い合わせ先…☎0742・22・0375
公園管理事務所

スズランに似た可愛らしい花をつけるが、有害植物。鹿も食べないので奈良公園には多い

馬酔木と書いてアセビ。かつてはこの葉を刻んで殺虫剤にしたほど毒性がある。馬が食べると苦しんで、酔っているように見えるところからの名付けという。奈良公園を住処とする鹿はちゃんと知っていて、これは食べない。それが、奈良公園にアセビの森や林が多い理由。

早春にスズランに似た愛らしい白い小さな花を咲かせ、毒があるようには見えないのに。公園のどこでもこの花は見られるが〝ささやきの小道〞と呼ばれる高畑から春日大社参道までの道は、アセビが枝を差し違えて道を包み、水がぬるむ頃は花のトンネルのようになっていたと聞く。近年は木が老木になったせいか、花はさほど見かけなくなった。

ロマンチックな名前のとおり、恋人同士がささやきながら、または古代のささやきに耳をそばだてながらゆっくり歩くのにふさわしい。この名前は神戸在住の寺尾勇奈良教育大学名誉教授が記者と談話で話したのがすっかり定着したのだという。

近鉄奈良駅から徒歩10分

所在地　奈良市春日野町

秋《あき》篠《しの》寺《でら》の木《もく》蓮《れん》

奈良市

花期…3月下旬
問い合わせ先…☎0742・45・4600 秋篠寺

奈良朝最後の官寺には技芸天像がおわす

東門をくぐると木立が深く、かつての秋篠の里をしのばせる。

奈良朝最後の寺院で、ゆるやかな勾配の屋根が天平の息吹きを伝える本堂は格子扉と柱、白壁の取り合わせが美しい。

この本堂には東洋のミューズと称えられた技芸天立像が優美にほほ笑んでいる。天平時代の頭部に鎌倉時代の体をついだという、秀麗な技芸天の過去とはどんなものだったのだろう。すらりとした立ち姿、少しかしげたうなじ、そっと開く口もと、天平の哀愁を秘める姿にひかれ、通いつめた人は多い。暗い本堂から出て目にするモクレンの白い色がまぶしい。

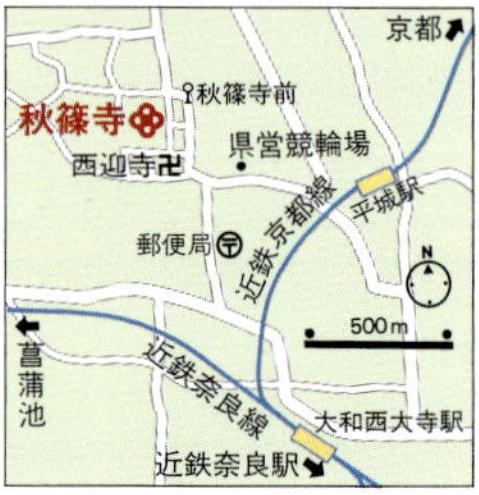

近鉄大和西大寺駅から押熊・平城中山行きバス6分、秋篠寺前下車すぐ

住所 奈良市秋篠町
拝観 9時30分～16時30分
料金 500円

主な花の名所一覧

※本文掲載のものは割愛してあります。

名所	問い合わせ先	花期	料金	交通
桜				
元興寺(極楽坊)	奈良市中院町11 ☎0742・23・1377	3月下旬〜4月中旬	400円	近鉄奈良駅から徒歩15分
帯解寺	奈良市今市町734 ☎0742・61・3861	4月上旬〜下旬	300円	JR帯解駅から徒歩5分
近鉄あやめ池遊園地	奈良市あやめ池北町1丁目1・9 ☎0742・45・0971	4月上旬〜中旬	1300円	近鉄あやめ池駅下車すぐ
平城宮跡	奈良市法華寺町 ☎0742・22・5200(奈良市観光協会)	4月上旬〜中旬	無料	JR・近鉄奈良駅から西大寺北口行バス平城宮跡下車すぐ
柳生陣屋跡	奈良市柳生町 ☎0742・94・0002(柳生観光協会)	4月中旬	無料	JR・近鉄奈良駅から柳生月ケ瀬行バス柳生下車徒歩10分
大中公園	大和高田市大中 ☎0745・22・1101(大和高田市商工労政課)	4月上旬〜中旬	無料	近鉄高田駅から徒歩5分
石上神宮	天理市布留町 ☎0743・62・0900	4月上旬〜中旬	無料	JR・近鉄天理駅から徒歩20分
栄山寺	五條市小島503 ☎07472・4・2086	4月上旬〜中旬	400円	JR五条駅、五条バスセンターから西阿田行バス栄山寺前下車すぐ
二見公園暮ケ谷池	五條市二見7丁目 ☎07472・2・4001(五條市観光課)	4月上旬〜中旬	無料	JR二見駅から徒歩20分
生駒山上遊園地	生駒市菜畑町2312・1 ☎0743・74・2173	4月上旬	1000円	近鉄鳥居前駅から生駒ケーブル5分、宝山寺乗換え生駒山上駅下車すぐ

主な花の名所一覧

月ケ瀬湖	添上郡月ケ瀬村 ☎07439・2・0300(月ケ瀬観光協会)	4月上旬～中旬	無料	近鉄上野市駅から月ケ瀬桃香野行バス嵩口下車すぐ
池ノ平公園	吉野郡下北山村池峰 ☎07468・6・0001(下北山村産業建設課)	4月中旬～下旬	無料	JR熊野市駅から湯盛温泉杉の湯行バス池ノ平公園下車すぐ
下北山スポーツ公園	吉野郡下北山村池原 ☎07468・6・0001(下北山村産業建設課)	4月上旬～中旬	無料	JR熊野市駅から湯盛温泉杉の湯行バス池原下車徒歩15分
信貴山朝護孫子寺	生駒郡平群町信貴山 ☎0745・72・2277	4月上旬～中旬	無料	近鉄信貴山下駅から信貴山行バス終点下車徒歩10分
県立竜田公園三室山	生駒郡斑鳩町神南727 ☎0745・74・6800(斑鳩町観光協会)	3月下旬～4月上旬	無料	JR王寺駅から奈良駅行バス竜田大橋下車徒歩5分
本郷溜池周遊道	宇陀郡大宇陀町本郷 ☎0745・83・2251(大宇陀町観光協会)	4月上旬～中旬	無料	近鉄榛原駅から大宇陀行バス大宇陀高校前下車徒歩20分
屏風岩公園	宇陀郡曽爾村長野 ☎0745・94・2101(曽爾村観光協会)	4月中旬～下旬	無料	近鉄名張駅から曽爾行バス長野下車徒歩45分
あきつの小野公園	吉野郡川上村西河 ☎07465・2・0111(川上村産業振興課)	4月下旬	無料	近鉄大和上市駅から大滝行バス西河下車徒歩5分
ツツジ				
依水園	奈良市水門町 ☎0742・22・2173	5月上旬	600円	近鉄奈良駅から徒歩10分
橿原神宮	橿原市久米町 ☎0744・22・3271	5月中旬～6月中旬	無料	近鉄橿原神宮前駅から徒歩5分
久米寺	橿原市久米町502 ☎0744・27・2470	5月上旬	無料	近鉄橿原神宮前駅から徒歩5分
栄山寺	五條市小島503 ☎07472・4・2086	5月上旬～中旬	400円	JR五条駅、五条バスセンターから西阿田バス栄山寺下車すぐ
神野山	山辺郡山添村伏拝 ☎0743・85・0041(山添村企画課)	5月中旬	無料	JR・近鉄天理駅から上野市行バス国道神野口下車徒歩50分
平井大師寺	宇陀郡菟田野町 ☎0745・84・2521(菟田野町観光協会)	5月中旬～下旬	無料	近鉄榛原駅から菟田野町行バス古市場下車徒歩20分
津風呂湖	吉野郡吉野町平尾 ☎07463・2・1007(吉野山観光協会)	4月下旬～5月中旬	無料	近鉄大和上市駅から笛吹、小名行バス津風呂湖北口下車徒歩10分

ハナショウブ				
室生の里花のその	宇陀郡室生村室生 ☎0745・93・2027	6月中旬〜7月上旬	300円	近鉄室生口大野駅から室生寺行バス室生寺下車徒歩5分
のどか村花しょうぶ園	生駒郡三郷町信貴南畑1・7・3 ☎0745・73・8203	6月上旬〜下旬	500円	近鉄信貴山下駅から信貴山行バス終点下車、送迎バスあり
馬見丘陵公園	北葛城郡河合町大字佐味田2202 ☎0745・56・3851	6月上旬〜下旬	無料	JR法隆寺駅から高田駅行バス佐味田下車徒歩10分
アジサイ				
長谷寺	桜井市初瀬731・1 ☎0744・47・7001	6月中旬〜7月上旬	400円	近鉄長谷寺駅から徒歩20分
吉野山	吉野郡吉野町吉野山 ☎07463・2・3081（吉野町経済観光課）	6月中旬〜7月中旬	無料	近鉄吉野駅から徒歩5分
紅葉				
長谷寺	桜井市初瀬731・1 ☎0744・47・7001	10月下旬〜11月下旬	400円	近鉄長谷寺駅から徒歩20分
信貴山朝護孫子寺	生駒郡平群町信貴山2280 ☎0745・72・2277	11月中旬〜下旬	無料	近鉄信貴山下駅から信貴山行バス終点下車徒歩10分
竜田川	生駒郡斑鳩町竜田 ☎0745・74・6800（斑鳩町観光協会）	11月中旬	無料	JR王寺駅から奈良大仏前行バス竜田大橋下車すぐ
室生寺	宇陀郡室生村室生 ☎0745・93・2003	11月中旬〜下旬	400円	近鉄室生口大野駅から室生、血原行バス室生寺下車徒歩5分
ツバキ				
護国神社	奈良市古市町1984 ☎0742・61・2468	3月下旬〜4月上旬	無料	JR・近鉄奈良駅から藤原台、山村町、佐保短大前、鹿野園行バス護国神社前下車すぐ
椿寿庵	大和郡山市池ノ内町556 ☎0743・52・6126	1月下旬〜4月上旬	無料	近鉄郡山駅から法隆寺行バス片桐池の内町下車すぐ
椿山山の辺	桜井市慈恩寺山崎 ☎0744・42・2757（上田）	2月中旬〜5月上旬	300円	近鉄朝倉駅から徒歩8分

奈良・年中行事一覧

4月

1日	大和神社ちゃんちゃん祭り	（天理市）
1日	源九郎稲荷白狐	（大和郡山市）
1〜7日	法華寺ひな会式	（奈良市）
1〜15日	郡山お城まつり	（大和郡山市）
3日	橿原神宮神武祭	（橿原市）
3日	吉野水分神社おん田祭	（吉野町）
5日	薬師寺鬼追式（花会式）	（奈良市）
第1日曜日	源龍寺吉野川ながし雛	（五條市）
8日	新薬師寺おたいまつ	（奈良市）
11日	達磨寺達磨会式	（王寺町）
第2日曜日	西大寺大茶盛	（奈良市）
第2日曜日	白毫寺椿まつり	（奈良市）
17日	興福寺放生会	（奈良市）
第3日曜日	矢田寺練供養	（大和郡山市）

5月

1日	氷室神社献氷祭	（奈良市）
2日	東大寺聖武天皇祭	（奈良市）
3日	久米寺練供養	（橿原市）
11〜12日	興福寺薪能	（奈良市）
14日	當麻寺錬供養会式	（當麻町）
15日	称名寺珠光忌	（奈良市）
19日	唐招提寺うちわまき会式	（奈良市）
28日	不退寺業平忌	（奈良市）

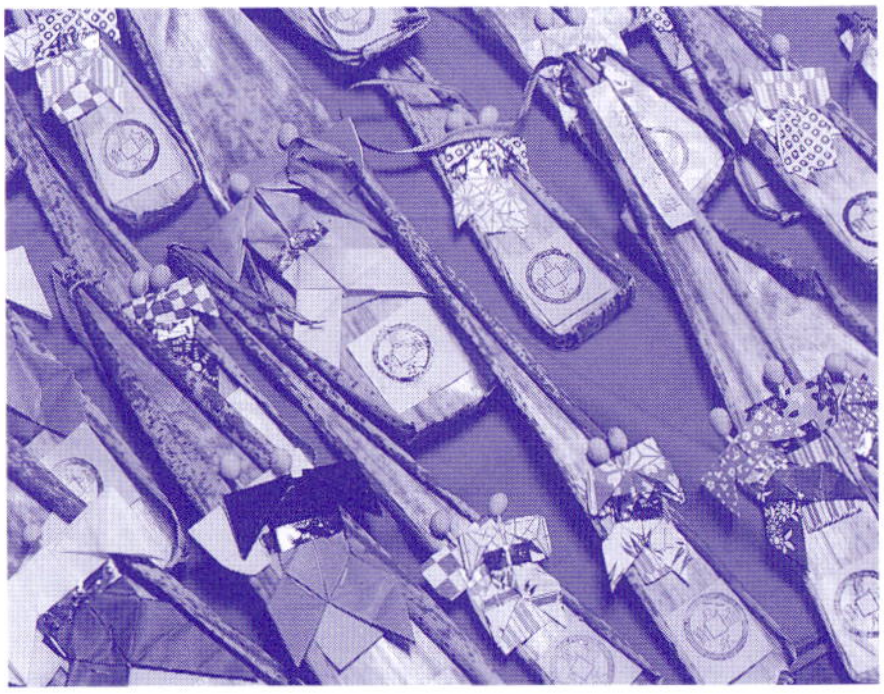

吉野川ながし雛

薬師寺花会式

6月

5〜7日	唐招提寺鑑真忌	（奈良市）
13日	弘仁寺黄金ちまき会式	（奈良市）
17日	率川神社ゆり祭（三枝祭）	（奈良市）
23日	大安寺竹供養	（奈良市）
30日	石上神宮神剣渡御祭	（天理市）

7月

7日	金峯山寺蛙とび	（吉野町）
17日	法華寺蓮華会式	（奈良市）
17日	天川社弁天祭	（天川村）
23日	伝香寺地蔵会	（奈良市）
28日	畝傍山口神社お峯でんそそ	（橿原市）
28日	東大寺大仏殿解除会	（奈良市）

8月

2〜3日	大峯山洞川行者まつり	（天川村）
7日	東大寺大仏お身ぬぐい	（奈良市）
7日	弁天宗灯籠流し	（五條市）
14〜15日	春日大社万灯籠	（奈良市）
15日	高円山大文字送り火	（奈良市）
15日	ほうらんや火まつり	（橿原市）
15日	東大寺大仏殿万燈供養	（奈良市）
16日	売太神社阿礼祭り	（大和郡山市）
17日	大柳生太鼓祭り	（奈良市）
23〜24日	元興寺地蔵会式	（奈良市）

9月

1日	吉田寺放生会（腰巻祈禱）	（斑鳩町）
15日	安倍文殊院大和ぼけ封じ大祭	（桜井市）
23日	竜泉寺大峯山戸閉式	（天川村）
23日	談山神社談山能	（桜井市）
中秋の名月	采女神社華扇神事（采女祭）	（奈良市）
〃	唐招提寺観月讃仏会	（奈良市）

10月

1日	石上神宮榜示浚之	（天理市）
8日	法隆寺大般若転読法要	（斑鳩町）
8日	奈良豆比古神社翁舞	（奈良市）
10〜11日	談山神社嘉吉祭	（桜井市）
10〜11日	往馬坐伊古麻都比古神社祭	（生駒市）
10日	門僕神社獅子舞	（曽爾村）
10日	壺阪寺めがね供養	（高取町）
第2日曜日	西大寺大茶盛	（奈良市）
12日	八柱神社題目立	（都祁村）
13日	丹生川上神社中社太鼓台法要祭	（東吉野村）
15日	石上神宮布留祭	（天理市）
中旬〜下旬	鹿の角伐り	（奈良市）
20日	久米寺仙人祭	（橿原市）
21〜22日	糸井神社秋祭り	（川西町）

11月

2〜3日	大野海神社いさめ踊り	（室生村）
3日	安倍文殊院十一面観音法要	（桜井市）
3日	春日大社明治祭	（奈良市）
第2日曜日	談山神社けまり祭	（桜井市）
14日	大神神社酒まつり	（桜井市）
17日	唐招提寺写経会	（奈良市）
23日	庚申まつり	（奈良市）

12月

1日	千手院信貴山大根だき会	（平群町）
1〜13日	唐招提寺仏名会	（奈良市）
14日	東大寺二月堂仏名会	（奈良市）
16日	春日大社若宮宵宮祭	（奈良市）
17日	春日若宮おん祭	（奈良市）
冬至	正暦寺中風封じ祈禱	（奈良市）
29日	薬師寺お身拭い	（奈良市）
31日	除夜の鐘	（各地）

鹿の角伐り

春日大社舞楽始

1月

1日	薬師寺修正会	（奈良市）
1日	大神神社繞道祭	（桜井市）
3日	春日大社神楽始	（奈良市）
3日	唐招提寺餅談義	（奈良市）
4日	大神神社御弓始祭	（桜井市）
11日	稲淵栢森の綱掛祭	（明日香村）
第2日曜日	西大寺大茶盛	（奈良市）
14日	芽原吉祥草寺左義長	（御所市）
15日	若草山山焼	（奈良市）
15日	春日大社舞楽始	（奈良市）
15日	白毫寺えんまもうで	（奈良市）
23日	大安寺光仁会	（奈良市）
旧正月14日	浄見原神社国栖奏	（吉野町）

2月

3日	法隆寺西円堂鬼追い式	（斑鳩町）
節分の日	元興寺柴燈護摩会	（奈良市）
節分の日	春日大社万灯籠	（奈良市）
節分の日	興福寺鬼追式	（奈良市）
6日	大神神社おんだ祭	（桜井市）
14日	長谷寺だだ押し	（桜井市）
25日	菅原神社お田植祭	（奈良市）

3月

1〜14日	東大寺二月堂修二会	（奈良市）
12日	東大寺二月堂お水取り	（奈良市）
13日	春日大社申祭	（奈良市）
15日	東大寺二月堂達陀帽	（奈良市）
15日	春日大社お田植祭	（奈良市）
22日	法隆寺お会式	（斑鳩町）
25日	菅原神社筆まつり	（奈良市）
30日〜4月5日	薬師寺花会式	（奈良市）

な

は

ま

や

ら

あ

か

さ

た

奈良花の名所12カ月
総索引

中島史子（なかじま・ふみこ）
1949年生まれ。筑紫女学園短期大卒業後、結婚して九州から奈良へ。編集関係の会社に勤務した後、フリー。現在、新聞・雑誌等への執筆をはじめ、情報誌の編集を手がけるかたわら、奈良を中心にさまざまなテーマを追い続けている。主な著書に「大和の古寺の女たち」（かもがわ出版）など。

藤井金治（ふじい・きんじ）
1952年奈良県生まれ。葛西宗誠氏、井上博道氏に師事した後、フリーとして活躍。茶道、いけばな、料理などの撮影にとりくむ一方、奈良の風物を主に撮り続けている。主な著書に「人間国宝シリーズ・月山貞一」（講談社）、「野の花を活ける茶花十二ケ月」（文化出版局）など。日本写真家協会会員。

地図＝
地図屋もりそん
（有）シルフ

デザイン＝
井上デザイン事務所
井上安里

編集＝
中上晋一
西野美和子

花の名所シリーズ
奈良花の名所12カ月

1997年3月　初版第1刷
2001年2月　改訂第2版第1刷⑤

編者　中島史子
発行人　川崎吉光
発行所　株式会社山と溪谷社
〒105-8503　東京都港区芝大門1-1-33
☎03-3436-5070（旅行図書編集部）
☎03-3436-4055（営業部）
編集　山と溪谷社大阪支局
〒531-0072 大阪市北区豊崎3-13-6ウイング北梅田2F
☎06-6374-2223（編集部）
☎06-6374-2238（営業部）
郵便振替00180-6-60249
http://www.yamakei.co.jp
印刷・製本　図書印刷株式会社

定価はカバーに表示してあります。

Printed in Japan
ISBN4-635-00661-1